¿POR QUÉ NO TE CALLAS ?

NORMA ESTELA FERREYRA

Dedico este libro al gran
luchador por la libertad
de América Latina,
Presidente Hugo Chávez

Enero-8-2013
Economía • Sociedad-Editorial de La Jornada de
México

Alimentos: México sin soberanía

La confirmación de México en su carácter de
"importador neto de alimentos" —según una
investigación de la Asociación Latinoamericana
de Integración (Aladi)— debe ser tomada como
una señal de alerta sobre el rumbo desastroso de
la política agroalimentaria del país y sobre la
necesidad de reformular de manera radical las
estrategias de Estado en la materia.
| LA JORNADA DE MÉXICO.*

El documento referido coloca a nuestro país
como una de las contadas economías
latinoamericanas —junto con Venezuela y
Panamá— que arrastran un déficit en los rubros
alimentarios de sus balanzas comerciales, y
advierte la vulnerabilidad de esas naciones —y,
por extensión, de sus habitantes— ante
escenarios de alzas intempestivas de precios,
como los que se registraron durante el año
pasado a escala mundial.

El diagnóstico de la Aladi se complementa con cifras como las difundidas anteayer en este diario, según las cuales México destinó 37.4 por ciento más recursos a la compra de alimento en el exterior de los que recibió por concepto de inversión extranjera directa, cifra que permite ponderar que la inserción de la economía nacional en la economía global ha sido, para nuestro país, un pésimo negocio.

Frente a elementos como los citados, las promesas formuladas ayer por Enrique Peña Nieto de que su gobierno dará un "nuevo rostro" al campo y lo hará "productivo, rentable y sustentable" lucen demasiado ambiguas y generales: en particular, no queda claro aún si la actual administración federal ensayará un giro o bien continuará y profundizará el curso que han mantenido sus antecesoras, y que se ha traducido en la puesta en marcha de directrices que han significado el abandono de los entornos rurales y el empeoramiento de las condiciones de vida de sus habitantes, el desmantelamiento de los apoyos estatales a la pequeña producción y al consumo interno de alimentos y la concentración del presupuesto destinado al campo en un reducido grupo de grandes exportadores, amén de los procesos de apertura comercial indiscriminada.

Tales políticas han significado una pérdida sostenida de soberanía alimentaria del país, y lo han hecho cada vez más dependiente de los productos extranjeros, como expresan el creciente déficit de la balanza comercial en el rubro de alimentos y, particularmente, los incrementos en las importaciones de cereales como el maíz, producto base de la alimentación de la población. Esta situación resulta particularmente ofensiva para los bolsillos de millones de familias mexicanas, pues su consumo de alimentos queda sometido a los altibajos en los precios internacionales de productos que bien podrían generarse en territorio nacional, si los gobiernos tuvieran la voluntad política y la capacidad de planeación necesaria para tal efecto.

A casi dos décadas de que arrancó el Tratado de Libre Comercio de América del Norte, y a un lustro de que entró en vigor el capítulo agropecuario de ese acuerdo trinacional, es claro que el país requiere, para garantizar la alimentación de su gente y su propia viabilidad, la recuperación de sus capacidades productivas en materia agrícola, y eso no se logrará a menos que existan las políticas de impulso al desarrollo agrícola y a los pequeños productores.

De otra manera, el país convivirá no sólo con la perspectiva de la dependencia alimentaria aguda y creciente, sino también con la del hambre, la pobreza y con la consecuente amenaza de estallidos sociales imprevisibles.

___

* Editorial del diario La Jornada de México
www.jornada.unam.mx

15.09.11 - Argentina
Juicio popular coloca a transnacionales en el banquillo de los acusados

Camila Queiroz
Periodista de ADITAL

Este viernes (16) comienza el Juicio ético y popular a las transnacionales, organizado en tres regiones de Argentina –Noroeste, Triple Frontera y Patagonia– para reunir denuncias y fortalecer el proceso de lucha contra las empresas. Promovido por el proyecto Resistencias populares a la recolonización del continente, el espacio cuenta además con una articulación de más de veinte organizaciones no gubernamentales, comunidades originarias y centros de investigación.

La Patagonia será la primera región en realizar el juicio, los días 16 y 17. La programación tendrá lugar en la ciudad de Trelew, provincia de Chubut, en las instalaciones de la Universidad Nacional de la Patagonia. Serán juzgados los casos de las petroleras Repsol y Pan American Energy y de las empresas mineras Proyecto Potasio Río Colorado y Pan American Silver, propietaria del proyecto Navidad, de extracción de plata.

Con el juicio, las entidades pretenden sistematizar y difundir argumentos, materiales y herramientas, presentados por medio de denuncias y testimonios, para fortalecer la defensa jurídica y política del medio ambiente y a las comunidades impactadas por las transnacionales.

"Tomamos como casos emblemáticos algunas de las corporaciones que operan en la Argentina, con la certeza de que su accionar está respaldado por la garantía de los poderes políticos locales, que diseñan políticas que las favorecen y/o desconocen leyes que protegen los derechos de las poblaciones", denuncian.

Durante las audiencias se analizará el perfil corporativo de la empresa, características del territorio donde se instaló el proyecto, perfil de explotación realizada e impactos generados, así como el surgimiento de resistencias populares.

El primer día de juicio, habrá una movilización popular y muralismo en Pasaje Floridita, a las 18h. A las 21h se realizará un acto de resistencia contra las transnacionales en la Biblioteca Popular Rodolfo Walsh, con grupos musicales. Al día siguiente, se realizará la lectura de la sentencia final y el cierre del juicio con intervenciones artísticas.

Las comunidades tradicionales de Chubut destacan como lucha prioritaria la defensa de la Ley 5001, que prohíbe la minería de metales a cielo abierto con uso de sustancias tóxicas en la provincia. Con la presión de las transnacionales, la norma está amenazada de sufrir modificaciones o hasta incluso ser revocada. También denuncian la contaminación de las aguas por petróleo, señalando la omisión del Estado.

Los próximos juicios se realizarán en el Noroeste Argentino, entre los días 23 y 25 de septiembre, y en la región de la Triple Frontera, los días 30 de septiembre y 1° de octubre. Los casos a ser juzgados son los de Barrick Gold y La Alumbrera, Agua Rica, Ledesma, Monsanto, Cargill, Alto Paraná, Microsoft, Telefónica y Google.

Además en octubre se realizarán audiencias sobre la responsabilidad de los medios de comunicación en la legitimación de la actuación de las transnacionales, el día 18, y sobre los impactos de las transnacionales en la vida de las mujeres, el día 20.

Los días 28 y 30 de octubre, tendrá lugar la audiencia final del Juicio ético y popular a las transnacionales, en la capital argentina, Buenos Aires. Una vez emitida la sentencia, los organizadores la enviarán a los medios de comunicación e instancias políticas y jurídicas que puedan hacer frente a los impactos causados por las transnacionales en la Argentina.

7-1-2013
Economía

Raúl Dellatorre/Página12

Rasgo de época, embargar bienes públicos (historia de buitres y fragatas)

La recuperación del buque insignia sin acuerdo con los fondos buitre es un símbolo de la larga lucha en la que está inmersa Argentina para despojarse de las ataduras del viejo modelo neoliberal. El embargo de NML Capital, uno de los 28 que recibió el país desde 2003.

Cuando este miércoles la Fragata Libertad concrete su arribo a Mar del Plata, en medio de homenajes y festejos que se preparan para recibirla, Argentina habrá dado otro paso en la batalla en la que se ha plantado, casi en solitario, contra uno de los símbolos emblemáticos del modelo de valorización financiera del capital y, a su vez, desprecio por la actividad productiva que representó (y representa aún, como lo demuestra Europa) el modelo neoliberal impuesto en el último cuarto del siglo pasado: los fondos buitre. La recuperación de la nave insignia se logró tras batallar en tribunales internacionales enfrentando a estos especialistas en sacar ventajas de su capacidad de "lobby" en estas lides. Fondos especulativos que en por lo menos 28 oportunidades diferentes –según el recuento del canciller Héctor Timerman– lograron trabar embargo sobre bienes del Estado argentino en el exterior (ver aparte). Fondos que hoy mismo plantean una "pulseada testigo" en Nueva York tratando de impugnar el arreglo alcanzado por la Argentina con los poseedores del 92 por ciento de la deuda en default del año 2001. Tanto en esa plaza como en los tribunales de Ghana, han hecho valer su poder de influencia sobre jueces adeptos al poder económico que aquéllos representan y del que surgieron. Un modelo que organismos internacionales como el FMI, el Banco Central Europeo o el Banco Mundial (a través del Ciadi, por ejemplo) han sostenido y siguen defendiendo.

El 25 de octubre, cuando ya habían transcurrido tres semanas de retención de la fragata en las costas de Ghana, el canciller Timerman se refirió al contexto del combate por la recuperación de la nave recordando los antecedentes de esta disputa. "Entre el año 2005 y 2010, se renegoció el 93 por ciento de la deuda con los acreedores, quedando un 5 por ciento en manos de fondos buitre que se dedican a extorsionar a países comprando su deuda por centavos y, con métodos usureros, exigir pagos fuera de toda lógica", repasó el responsable de Relaciones Exteriores. "Néstor Kirchner se negó a negociar con ellos y comenzó una larga batalla de acosos legales y políticos contra la Argentina. Hasta el embargo de la Fragata Libertad, los fondos buitre lograron trabar embargos contra 28 bienes de Estado Nacional. En todos los casos, el Estado argentino recuperó el bien embargado sin haber negociado jamás con los fondos buitre", subrayó en un discurso leído desde uno de los salones de la Casa Rosada. Eran días en los que, desde distintos sectores de poder de la Argentina, con una llamativa sintonía con los intereses de los grupos financieros, se le reclamaba al gobierno "flexibilidad" y "capacidad negociadora" para buscar un acuerdo con el grupo especulativo

NML, que encabeza el financista de las campañas republicanas y lobbista Paul Singer.

"Si antes de 2003 no había embargos, era simplemente porque el país se seguía endeudando para alimentar el mismo círculo vicioso que terminó en la crisis de 2001", recordó el canciller Timerman aquel 25 de octubre. El efecto depredador de ese mecanismo de "renegociación de la deuda externa" forma parte de la misma matriz que dio origen a estos fondos buitre, surgidos en el marco de la desregulación y las facilidades para la transferencia de capitales financieros innominados en el mercado mundial. Estos audaces e inescrupulosos apostadores en el casino de las finanzas mundiales sacaron ventaja de las reglas del neoliberalismo y operaron como correa para dinamizar los procesos de endeudamiento de los países, incluso de aquellos con improbable capacidad de repago de los préstamos.

Lo que en un principio fue audacia extrema para apostar a jugadas riesgosas, luego se convirtió en trama oscura de relaciones e intereses para garantizarse el beneficio. Los fondos buitre primero fueron convocados por gobiernos y colocadores de títulos de deuda para conseguir financiamiento para deudores "difíciles". Luego, esos mismos fondos buitre fueron armando la red de contactos con jueces, banqueros y gobiernos que les aseguraran el cobro de sus ganancias aun en los casos de deudores quebrados. Incluso, habiendo comprado los títulos de deuda después de la quiebra del deudor.

Las nuevas leyes del sistema financiero internacional convirtieron lo absurdo en un negocio rentable. Fue posible porque hubo países que renunciaron a su soberanía jurídica, sometiendo los conflictos por inversiones a tribunales extranjeros (aun cuando el Estado fuera parte en una controversia con un privado), y entidades "serias", como el Banco Mundial, que pusieron los tribunales y los jueces, elegidos además entre los representantes de los propios grupos litigantes (como todavía hoy sucede en el Ciadi). Además de tribunales penales y comerciales en diversos países con clara percepción de dónde estaba el poder.

Todo este mecanismo de enriquecimiento por acumulación financiera, círculos viciosos de endeudamientos y refinanciaciones, renuncias a la soberanía jurídica, prestamistas especuladores, abusos de lucro sobre quiebras de deudas soberanas, es a lo que se enfrentaron los países que intentaron romper con ese modelo depredador en la última década. La batalla judicial que libra la Argentina contra los fondos buitre no es sólo contra estos grupos especulativos, sino contra todo ese esquema que los sostiene.

La recuperación de la Fragata Libertad sin ceder a un acuerdo con los fondos buitre fue, de parte de Argentina, una ratificación del sentido de esta pelea: la de condenar ese sistema de dominación financiera y no cometer el error de abrir hendijas para que vuelva a colarse. En los primeros días de diciembre, Cristina Fernández volvió a condenar al Banco Mundial, al FMI y al papel que los organismos financieros han jugado y, en buena medida, siguen jugando en el sistema mundial. "Sus mecanismos de resolución de conflictos se han evidenciado como depredadores de nuestros países", remarcó la Presidenta, quien insistió en "la necesidad y la urgencia de formular mecanismos alternativos a los multilaterales existentes, no por una cuestión ideológica o política, sino por una cuestión eminentemente práctica".

Sin esos mecanismos tradicionales, sin esas renuncias de soberanía de los '70 a los '90, los fondos buitre no hubieran llegado a los abusos cometidos contra el Congo o Perú, en Ecuador y en todos aquellos países endeudados en etapas de políticas deliberadamente dependientes del capital financiero. El regreso de la Fragata Libertad es un momento oportuno para recordarlo.

Otros instrumentos de presión

La cesión de soberanía no sólo se expresa en la emisión de bonos bajo jurisdicción extranjera, sino también en la suscripción al convenio del Ciadi. Por eso el Gobierno evalúa retirarse del organismo y denunciar los TBI.

La cesión de soberanía no sólo se expresa en la emisión de bonos bajo jurisdicción extranjera que les permite a los fondos buitre litigar en tribunales de Nueva York. La suscripción al convenio del Centro Internacional de Arreglo de Diferencias Relativas a Inversiones (Ciadi) y la firma de tratados bilaterales en la década del '90 es otro talón de Aquiles que mantiene expuesto al Estado argentino. En este caso, ante empresas multinacionales de países desarrollados. Por ese motivo, el gobierno de Cristina Fernández de Kirchner evalúa retirarse del Ciadi e incluso denunciar los tratados.

El Ciadi es un tribunal arbitral dependiente del Banco Mundial que desde 1965 se dedica a resolver controversias entre países e inversores extranjeros. En los hechos, su función central es ofrecerles a las multinacionales que deciden invertir en los países periféricos una garantía frente a las "arbitrariedades" que puedan cometer los gobiernos de esas naciones. Eso es posible porque los dictámenes del Ciadi se llevan a cabo sin tener en cuenta el derecho local. Los análisis se circunscriben a las pautas establecidas entre los Estados y sus inversores extranjeros, con abstracción de cualquier otro principio jurídico de jerarquía superior.

Hasta la década del '90, la intervención del Ciadi fue requerida de modo muy esporádico. En 1972 resolvió su primer caso, en 1974 intervino en cuatro ocasiones y luego hubo que esperar hasta 1997 para superar ese techo anual al registrarse diez casos. El incremento se explica por la firma de los Tratados Bilaterales de Promoción y Protección de Inversiones firmados en los '90, que reconocen al Ciadi como tribunal arbitral ante cualquier diferendo. De hecho, más del 60 por ciento de las demandas presentadas ante el Ciadi se corresponden con esos tratados.

En el gobierno sostienen que el Ciadi funciona como un gendarme de los intereses de las multinacionales y no como un árbitro imparcial para dirimir diferencias sobre inversiones extranjeras. Para demostrarlo, focalizan en la disparidad existente en el origen de los demandantes y demandados. Por grandes áreas económicas, los países del Sur han sido objeto del 59 por ciento de las demandas presentadas ante el tribunal, las economías en transición de Europa Oriental y la antigua Unión Soviética han recibido el 32 por ciento, mientras que el 9 por ciento ha recaído en los países del Norte. A su vez, remarcan que el 91 por ciento de los inversores extranjeros que reclaman indemnizaciones por violación de algún acuerdo internacional procede del Norte y apenas un 9 por ciento de economías en desarrollo.

Según un informe elaborado por el Gobierno, en el caso argentino, el origen de la mayoría de las denuncias fue a partir de la aprobación de la Ley de Emergencia Pública que dispuso el fin del régimen de Convertibilidad y la pesificación de las tarifas y las deudas. Esto obligó a los particulares a llegar a acuerdos equitativos y al Gobierno a renegociar los contratos con las empresas de servicios públicos cuyas tarifas se encontraban expresadas en dólares. Para febrero de 2012, de los 48 casos iniciados contra la Argentina, el país había ganado, resuelto, suspendido u obtenido la anulación de 26 casos por un monto de 16 mil millones de dólares. El resto están pendientes y en conjunto alcanzan los 20 mil millones de dólares.

La persistente inclinación de los arbitrajes del Ciadi en favor de los inversores extranjeros y el aumento exponencial de casos, en los últimos años han llevado a que varios países de la región decidan retirarse oficialmente del Ciadi. Bolivia fue el primer Estado en presentar la denuncia de la convención del Ciadi (notificada en mayo del 2007 y efectiva en noviembre del 2007), seguida por Ecuador (notificada en julio del 2009 y efectiva en enero del 2010). Venezuela anunció oficialmente su denuncia el pasado 24 de enero del 2012, que resultó efectiva a partir de julio. En el Gobierno destacan además que Brasil nunca ingresó al Convenio del Ciadi.

El imperio manda, las colonias obedecen

Frei Betto - João Pedro Stédile (ALAI)

Luego de la Segunda Guerra Mundial, cuando las fuerzas aliadas salieron victoriosas, el gobierno de EE UU intentó sacar el máximo provecho de su victoria militar. Articuló la Asamblea de Naciones Unidas dirigida por un Consejo de Seguridad integrado por los siete países más poderosos, con poder de veto sobre las decisiones de los demás.

Impuso el dólar como moneda internacional, sometió a Europa al plan de subordinación económica conocido como Marshall, e instaló más de 300 bases militares en Europa y en Asia, cuyos gobiernos y mass media jamás levantan la voz contra esa intervención flagrante.

No se arrodilló el mundo entero a la Casa Blanca sólo porque existía la Unión Soviética para equilibrar la correlación de fuerzas. Contra esta última, los EE UU entablaron una guerra sin limitaciones, hasta derrotarla política, militar e ideológicamente.

A partir de la década de 90, el mundo quedó bajo hegemonía total del gobierno y del capital estadounidenses, que pasó a imponer sus decisiones a todos los gobiernos y pueblos, los cuales fueron tratados como vasallos coloniales.

Cuando todo parecía que estaba en calma en el imperio global, dominado por el Tío Sam, es que surgen las resistencias. En América Latina, además de Cuba, otros pueblos eligen gobiernos antiimperialistas. En Oriente Medio, los EE UU tuvieron que recurrir a las invasiones militares a fin de mantener el control sobre el petróleo, sacrificando miles de vidas de afganos, iraquíes, palestinos y paquistaníes.

En ese contexto, surge en Irán un gobierno decidido a no someterse a los intereses de EE UU. Dentro de su política de desarrollo nacional, instala centrales nucleares y eso es intolerable para el Imperio.

La Casa Blanca no acepta la democracia entre los pueblos, que significa que todos los países tengan derechos iguales. No acepta la soberanía nacional de otros pueblos. No admite que cada pueblo y su respectivo gobierno controlen sus recursos naturales.

Los EE UU transfirieron tecnología nuclear a Pakistán e Israel, que hoy poseen la bomba atómica. Pero no toleran el acceso de Irán a la tecnología nuclear, incluso con fines pacíficos.

¿Por qué? ¿De dónde derivan tales poderes imperiales? ¿De alguna convención internacional? No, sólo de su prepotencia militar. En Israel, hace más de veinte años, Moshai Vanunu, que trabajaba en la central atómica, preocupado con la inseguridad que eso representaba para toda la región, denunció que el gobierno ya tenía la bomba. Resultado: fue secuestrado y condenado a prisión perpetua, conmutada a 20 años, después de una gran presión internacional. Hasta hoy vive en arresto domiciliario, prohibido de contactar con cualquier extranjero.

Todos estamos contra el armamentismo y las bases militares extranjeras en nuestros países. Somos contrarios al uso de la energía nuclear, debido a los altos riesgos, y al uso abusivo de enormes recursos económicos en gastos militares.

El gobierno de Irán osa defender su soberanía. El gobierno usamericano no invadió militarmente a Irán sólo porque éste tiene 60 millones de habitantes, es una potencia petrolífera y posee un gobierno nacionalista. Las condiciones son muy diferentes al del atolladero llamado Irak.

Felizmente, la diplomacia brasileña y de otros gobiernos se involucró en la contienda. Esperamos que sean respetados los derechos de

Irán, como de cualquier otro país, sin amenazas militares.

Nos queda abogar para que aumenten las campañas, en todo el mundo, por el desarme militar y nuclear. Ojalá cuanto antes se destinen los recursos destinados a gastos militares para solucionar problemas como el hambre, que afecta a más de mil millones de personas.

Los movimientos sociales, ambientalistas, iglesias y entidades internacionales se reunieron recientemente en Cochabamba, en una conferencia ecológica mundial, convocada por el presidente Evo Morales. Se decidió preparar un plebiscito mundial, en abril de 2011. Las personas serán convocadas a reflexionar y votar si están de acuerdo con la existencia de bases militares extranjeras en sus países; con los excesivos gastos militares y con el hecho de que los países del Hemisferio Sur continúen pagando la cuenta de las agresiones al medio ambiente practicadas por las industrias contaminadoras del Norte.

La lucha será larga, pero en esa semana podemos celebrar una pequeña victoria antiimperialista.

- Frei Betto es escritor.
- João Pedro Stédile integra la dirección de la Vía Campesina.

Historia de la Deuda Externa Argentina

Referencia:Taringa

Los primeros empréstitos de la época de las guerras civiles.

A través de la historia Argentina se verifica el doble rol que juega la deuda externa: como herramienta de saqueo, provocando un permanente drenaje de la riqueza del país, y como instrumento de dominación, pues impone "modelos económicos" altamente perjudiciales para el pueblo Argentino.

La génesis de la deuda externa solo puede explicarse a la luz de las nuevas relaciones de dependencia inauguradas por una revolución que no fue capaz de transformar la estructura económica heredada de la colonia. La revolución de 1810 fue una revolución política separatista-anticolonial, que solo consumó una tarea democrático burguesa: la independencia político formal.

La Argentina pronto cayo en una nueva forma de dependencia europea; en lugar de profundizar los cambios radicales que postulaba Mariano Moreno para alcanzar una real liberación nacional, las fraccione de la clase dominante criolla (ganaderos y burguesía comercial) prefirieron perpetuar la función de productores-exportadores de materias primas e importadores de manufactura extranjera.

Sin embargo, la Argentina no se convirtió en semi colonia inglesa sino hasta fines del siglo XIX. De 1810 a 1880, aproximadamente fue un país dependiente del mercado mundial, pero pudo conservar sus riquezas básicas, fenómeno que dio lugar a un importante proceso de acumulación interna de capital en parte mediatizados por el pago de los elevados servicios de la deuda externa.

Un inconveniente principal fue el claro antagonismo entre Buenos Aires, por un lado –interesada en exportar los productos de su ganadería y en importar las mercancías extranjeras-, y el interior por el otro, carente de productos exportables, pero poseedor de una rudimentaria industria abastecedora del mercado interno, afectada por la libre introducción de productos foráneos.

Los primeros empréstitos no fueron firmados por la Nación Argentina sino por las autoridades de Buenos Aires que había establecido relaciones de dependencia con los capitalistas ingleses, ya sea por la exportación de sus productos ganaderos o por la importación de artículos manufacturados que frustraron la oportunidad (entonces factible) de crear una industria nacional. En consecuencia, las provincias terminaron pagando una deuda que nunca contrajeron.

El 17de diciembre de 1824 el Gobierno de Buenos Aires aprobó el empréstito de un 1.000.000 de libras esterlinas gestionado inicialmente por el ministro Bernardino Rivadavia.

El interés anual de la deuda era más o menos de 65.000 libras esterlinas, o sea más o menos el 13% de los ingresos de la provincia de Buenos Aires en el año 1824. Para una economía de tipo primitivo esta carga podría considerarse grave, pero si las suposiciones resultaran correctas sería tolerable. Las suposiciones eran: que se reduciría el presupuesto del departamento de guerra, que se aumentaría o por lo menos se mantendría el volumen existente del tráfico comercial, del cual el Estado obtenía importantes recursos.

Los objetivos perseguidos con la contratación del empréstito de Baring eran dotar de un puerto moderno y aguas corrientes a Buenos Aires, a demás de fundar pueblos en la frontera con los indios. Pero en definitiva gran parte del dinero fue empleado en la fundación de un banco y en los gastos de la guerra contra el Brasil.

Colocado en Londres al 70% de su valor escrito. El préstamo se redujo a 700.00 libras, y como el prestamista comenzó retenido el servicio correspondiente a dos anualidades, de aquellas quedaron solo 70.000. Pero Baring Brothers no mandó oro, sino órdenes de pago contra comerciantes ingleses de Buenos Aires, donde no había oro.

Según los cálculos más favorables en oro sólo se recibieron, por todo, 85.000 libras. Semejante operación que significaba transferir nuestra soberanía a Inglaterra dejó endeudado al país en un millón de libras esterlinas cuyo pago importaba un servicio anual de 325.000 pesos oro durante 40 años.

Como era previsible, a los dos años los servicios del empréstito dejaron de abonarse. El gobernador Manuel Dorrego no cumplió con las obligaciones y Rosas, más tarde se lamentaba pero tampoco pagaba. Ante la presión de Baring, Rosas encomendó al diplomático Manuel Moreno para que tantease la posibilidad de canjear la deuda por las Islas Malinas.

Durante su largo gobierno, Rosas paga algunas mensualidades, pero

apenas al 20% de los intereses correspondientes, interrumpiendo los pagos en 1845 cuando se produce el bloqueo anglo-francés por el río Paraná. En cambio después de Caseros, el grupo Mitrista que pasa a controlar la provincia de Buenos Aires se preocupa por arreglar las cuentas con el imperio: envía a Norberto de la Riesta a Londres para la renegociación. De la Riesta reconoce en 1824 una deuda en concepto de capital por 977.000 libras e intereses, más intereses de intereses, que alcanzan a 1.641.000 libras, de modo que aquellas escasas libras giradas al Río de la Plata se han convertido en 2.618.000. Como se comprende, por esta módica suma se recupera el honor de la Nación, mancillado en todos esos años por la falta de cumplimiento de estas obligaciones financieras.

Cuando el Mitrismo necesita financiación para el genocidio que se llamará "Guerra de La Triple Alianza, envía a de la Riesta a Londres. Este obtiene allí un nuevo empréstito por 2.500.000 libras cuyos títulos se colocan, en su mayor parte, a 72,5% y que restado sus gastos y comisiones deja un remanente de 1.735.703 libras, con una evaporación de 800.000 libras, originada en el "riesgo país". En esta oportunidad, los ingleses hacen notar que otorgan el préstamo "más a de la Riesta por su trayectoria, que a la Argentina".

Al concluir la presidencia de Mitre la deuda externa se haya cercana a los cinco millones de libras esterlinas.

Su sucesor, Domingo Sarmiento, también toma fondos externos, con motivos de deudas ocasionadas por la mencionada guerra fraticida y a si mismo para algunas obras públicas, como también para armarse ante la insurrección de unos de los últimos caudillos federales, Ricardo López Jordán. En 1874, al culminar el período presidencial de Sarmiento, puede estimarse que la deuda externa oscila alrededor de 14.500.000 de libras y el pago de los servicios anuales por amortización e intereses constituye ya un ítem importante en el presupuesto del Estado.

"El granero del Mundo"

Durante la presidencia de Mitre se han instalado los cimientos de la Argentina agropecuaria semi colonial que luego se denominara "el granero del mundo".Por un lado, se ha sofocado violentamente la disidencia manifestada por las provincias interiores- el degüello de "chacho" Peñalosa es el trágico símbolo de esa represión- así como se ha destruido el ejemplo de desarrollo autónomo levantado por los López en Paraguay. Por otro, se han otorgado las principales concesiones ferroviarias al capital inglés, se ha radicado en Buenos Aires el Banco de Londres y América del Sur y se ha lanzado una política librecambista a ultranza, con una notable importación de manufacturas europeas, preferentemente británicas. Luego vendrán las compañías de seguros, las grandes casas comerciales importadoras los consorcios exportadores y los frigoríficos.

Años después se llegara a apreciar que las condiciones excepcionales de la pampa húmeda-fertilidad y clima-permiten producir carne a costos entre cinco y ocho veces menor que los europeos generando una fabulosa renta agraria diferencial que reinvertida en la industria, podría haber provocado un desarrollo notable de la fuerzas productivas Argentina. Sin embargo, esa superutilidad se reparte ente el imperialismo ingles y la oligarquía nativa, que la despilfarra en viajes al exterior y consumos suntuarios, entre ellos fabulosos palacios y obras públicas monumentales.

Por supuesto, una buena parte de esa renta agraria también fuga con motivo de las utilidades garantizadas a las empresas ferroviarias, las primas de seguros y fletes así como las ganancias de otras empresas extranjeras radicadas en el país y los intereses de la deuda externa. La libre importación practicada desde 1862 hasta mediados del gobierno de Avellaneda provoca, así mismo, balanzas comerciales de favorables que vulneran nuestra situaciones financiera con el exterior. Recién a partir de 1895 se generan resultados positivos en la balanza comercial pero, a pesar de ello, lo egresos, por los diversos motivos señalados generan balances de pagos negativos, que obligan a nuevos endeudamientos. Si bien puede admitirse que algunos gobiernos se endeudan porque en este país todo esta por hacerse- colegios, correos, cuarteles, puertos, etc-, también es cierto que por aquel tiempo comienza a hablarse de que "nos endeudamos para pagar intereses y amortizaciones de nuestras deudas anteriores- lo cierto que es que las cifras permiten constatar un crecimiento permanente de la deuda externa desde la ultimas décadas del siglo XIX hasta la primera guerra mundial. Son, aproximadamente, las siguiente, en libras esterlinas 1886, 38 millones; 1904, 78 millones; 1916, 121 millones.

Desde el punto de vista de la clase dominante, esta es la "gran Argentina" "que ocupaba uno de lo primeros lugares en el concierto de las naciones de mundo" con datos estadísticos altamente favorables en algunas áreas de la macroeconomía, como "exportaciones", así como también aumento demográfico o tasas de alfabetización y mortalidad infantil en el litoral, propias de un país europeo.

A partir de esta información y las visitas de celebridades extranjeras la oligarquía construyo la imagen del "gran país de nuestros mayores", de cuando "dios era argentino" y las "elites inteligentes" que habían creado, en el sur de

América, un "país blanco y europeo", que según esta versión habría de comenzar a derrumbarse con la llegada al poder de las "chusmas" Yrigoyenistas y peor aún, años después, de los "cabecitas negras" peronistas.

Esta historia idílica -difundida en los colegios y en los grande matutino porteños- por supuesto escamotea hechos políticos fundamentales como el fraude electoral y los "cosacos" reprimiendo la acción de los trabajadores, así como el congreso, la justicia y la cátedra universitaria como coto vedado de la gente de doble apellido. Pero resulta mas grave el ocultamiento en el campo de la economía. Basta solo con analizar el crecimiento de la deuda externa para poner en discusión a esa supuesto "gran Argentina"

Además, el funcionamiento como economía complementaria y subordinada al Imperio británico produce una gravísima deformación del país: La cabeza de Goliat, en torno del puerto de Buenos Aires y el otro del país convertido en cuerpo raquítico.

La división internacional del trabajo devenía en primitivismo agrario, como lo llamó Scalabrini Ortiz, es decir, premeditado no desarrollo industrial, ni minero, ni hidroeléctrico, ni pesquero, hundimiento de las provincias interiores con altísimas tazas de mortalidad infantil y grande desocupación, aliviada solo en época de cosecha, desvinculación del resto de América Latina al enfilar el país hacia el puerto de Buenos Aires apuntando hacia el mercado mundial. Deformaciones que también dejan su impronta colonial en el campo de la ideología y del arte.

En ésta Argentina-que algunos con alguna voluntad, llaman "colonia próspera..." para un sector oligárquico-la deuda externa operó como uno de los eslabones de la sumisión, tanto porque su volumen importante reducía las posibilidades de soberanía como porque sus servicios pesaban fuertemente sobre el sector egresos del presupuesto del Estado.

La consecuencia, en orden político, es obvia, si bien se la ocultó prudentemente: Manuel Quintana, presidente de la Nación en 1904, había sido por muchos años, abogado de las compañías inglesas y en 1876, como asesor legal del banco de Londres, había llegado a amenazar al Gobierno argentino con la cañonera inglesa de Beacon, enviada a rosario para defender la propiedad de los británicos, entre conflicto con una sucursal del banco.

De Victorino de la Plaza, presidente en 1914, por muerte de Roque Sáenz Peña, se decía que-después de años de estadía y fuertes vínculos en Londres con sectores financieros-"hablaba inglés con tonada salteña". Es la misma línea de Manuel J. García, Norberto de la Riestra... y tantos otros.

La guerra, la deuda y el movimiento nacional

Se ha convertido en una enseñanza de la historia que los países coloniales y semicoloniales pueden aprovechar los grandes conflictos bélicos interimperialistas para desarrollar sus fuerzas productivas, sanear sus finanzas e incluso dar paso a movimientos nacionales y populares capaces de desalojar del poder a las oligarquías vinculadas al poder externo. Aquello que había sucedido en 1810.cuando Francia inundó España con sus ejércitos-se repite en 1916 con la Primera Guerra Mundial. El Imperio Inglés reconvierte su economía privilegiando la fabricación de armamentos, por lo cual reduce sus ventas de manufacturas a la Argentina, lo que produce en nuestro país un creciente desarrollo de la industria nacional.

Al mismo tiempo, la balanza comercial resulta tan fuertemente positiva que absorbe los egresos de la balanza de pagos y deja un importante remanente en divisas. Entonces, debilitados los lazos con el imperialismo inglés, el gobierno de Irigoyen reduce la deuda externa por un importe aproximado de 20 millones de libras, por lo que frente a los gobiernos conservadores, el radicalismo yrigoyenista se caracteriza por una importante disminución del endeudamiento.

En cambio, su nacionalismo tiene límites agraristas, por lo cual no protege a la industria a concluir la guerra, hecho que provoca su declinación hacia 1921. Asimismo, esas limitaciones del movimiento poli clasista derivan en la presidencia de Marcelo T. de Alvear, durante la cual el endeudamiento externo vuelve a crecer, especialmente basado en empréstitos provenientes de los Estados Unidos. Al finalizar el período alvearista, la deuda externa puede estimarse que supera en algo los 140 millones de libras esterlinas. En cambio, durante el segundo gobierno de Irigoyen (1928-1930), el monto vuelve a bajar.

Durante el gobierno de José Félix Uriburu, la deuda crece a razón de nuevos empréstitos yanquis, como crece también a principios de la presidencia de Agustín P. Justo con el empréstito vinculado al convenio Roca-Runciman, pero hacia fines del período justicialista se rescatan títulos, en general correspondientes a préstamos provenientes de Estados Unidos, de la época de Alvear y de Uriburu.

Estas repatriaciones se detienen bajo la presidencia de Roberto Ortiz, pero vuelven a producirse cuando Ramón Castillo lo releva en el poder. Así, el golpe del 4 de junio de 1943 encuentra a la Argentina con una deuda externa cercana a los 80 millones de libras esterlinas que, dada la declinación del imperialismo inglés, resulta más correcto expresar en dólares: alrededor de 325 millones de dólares.

La segunda Gran Guerra y el segundo movimiento nacional

La crisis económica mundial iniciada en 1929 ha operado en la Argentina favoreciendo –a partir de 1935- un proceso de desarrollo de la industria nacional, cuya producción va sustituyendo gran parte de los productos importados.

La obtención de fuertes superávits en la balanza comercial, que han permitido reducir la deuda externa en los últimos años de la década del 30, se ha acentuado con el estallido de la guerra, de manera que, entre 1944 y 1945, al tiempo que no se toman nuevos préstamos, se repartían títulos por 50 millones de dólares que, sumados a las amortizaciones del período, permite reducir la deuda a 264 millones de dólares.

Juan Perón triunfa en las elecciones presidenciales del 24 de febrero de 1946. Puesto en marcha un proyecto de liberación nacional que recupera para la Argentina los principales resortes de su economía que estaban en manos del capital extranjero (Banco Central, nacionalización de depósitos bancarios, comercio exterior, servicios públicos, puertos, etc.) e impulsado el crecimiento industrial, con fuerte ampliación del mercado interno y notable avance de las conquistas sociales de los trabajadores, también se producen importantes cambios respecto de la deuda externa. Entre 1946 y 1948 se rescata el total de títulos, lo cual permite al gobierno afirmar que se ha logrado la independencia económica ya que, por primera vez en muchos años, "tenemos deuda externa cero".

La discriminación que sufre la Argentina en la participación de venta de carnes y cereales dentro del Plan Marshal, dos sequías que provocan una fuerte baja de las exportaciones y la inconvertibilidad de la libra, decidida unilateralmente por Gran Bretaña, impiden el pago de deudas en Estados Unidos por 125 millones de dólares, que son refinanciados por la misión Cereijo, a través de un crédito del Eximbank. Esta deuda se halla reducida al producirse el golpe de septiembre de 1955 que derroca a Perón, por lo cual a esa fecha existía una deuda de 57 millones de dólares.

Sin embargo, habitualmente las estadísticas dan (para 1955) un endeudamiento externo cercano a los 750 millones de dólares. Esto obedece a que al producirse el golpe militar la Argentina tenía deudas por alrededor de 650 a 700 millones de dólares que iban compensando con nuevas operaciones de exportación; pero en 1956 el gobierno Aramburu dio por caídos esos convenios de deuda flotante convirtiendo el saldo en deuda financiera exigible.

De nuevo el endeudamiento

A partir de septiembre de 1955, los sectores dominantes ligados al capital extranjero recuperan el poder. Entonces, comienzan a alternarse en el Ministerio de Economía aquellos personajes que configuran lo que se denominó "el elenco estable de los economistas del sistema". Esta rotación se conjuga con la incorporación de la Argentina del FMI, decidida por el gobierno presidido por Pedro Eugenio Aramburu, en 1956, al mismo tiempo que se desnacionalizan los depósitos bancarios, se liquida el control estatal sobre el comercio exterior y se anula la reforma constitucional de 1949, dejando sin efecto el artículo 40, protector de nuestros recursos naturales. No debe extrañar, pues, que la Argentina entre de nuevo en el círculo letal del endeudamiento, con nuevos créditos para pagar los intereses de préstamos anteriores y con una cada vez mayor sumisión a los dictados del FMI.

Al concluir el período de la llamada "revolución libertadora" (1958) la deuda externa ya pasa los mil millones de dólares. Al caer Frondizi, en marzo de 1962, se la puede estimar en 1.800 millones de dólares y cesar el gobierno "títere" de José María Guido, en julio de 1963, bordea los 2.100 millones.

La llegada al poder de hombres de la intransigencia nacional del radicalismo, como el presidente Arturo Illia, implica una experiencia de tímidas posiciones nacional-agraristas que se expresan en una mayor independencia respecto de los dictados del FMI y también en una cierta reducción de la deuda pública de algo más de 300 millones de dólares. Al producirse el golpe militar que derroca a Illia, el 28 de junio de 1966, el endeudamiento público externo alcanza 1.768 millones de dólares.

Los militares regresan al poder., Si ya bajo el gobierno de Arturo Frondizi se habían producido importantes radicaciones de capital norteamericano, ese proceso se acentúa ahora bajo el totalitarismo se Juan Carlos Onganía: Krieger Vasena, estrechamente ligado a los monopolios internacionales, ocupa el Ministerio de Economía. Cuando cesa, salta al directorio de Swift Delect International y, luego, a un cargo directivo en el FMI. El general Juan Enrique Guglialmelli denuncia la gravísima extranjerización del aparato productivo del país producida en esos años y, por supuesto la deuda crece. Cuando los militare regresan a los cuarteles para que vuelvan a decidir las urnas, la deuda externa arrima a los 3.800 millones de dólares.

De nuevo la voluntad popular

El 11 de marzo de 1973, Héctor J. Cámpora asume el 25 de mayo. Perón regresa el 20 de junio y en las elecciones del 23 de septiembre de ese año triunfa por amplia mayoría.
A fines de 1973, la deuda externa pública ha disminuido a 3.559 millones de dólares. Sin embargo, el antagonismo interno del peronismo se agudiza, y cuando muere Perón (1 de julio de 1974) los enfrentamientos se agravan. Isabel Perón asume el gobierno. Al producirse el golpe militar del 24 de marzo de 1976, alcanza 5.295 millones de dólares.
Represión, reconversión económica y endeudamiento
La vieja oligarquía agropecuaria y el imperialismo norteamericano venían sufriendo un largo desencuentro histórico. Las inversiones yanquis no dejaban de constituir una inserción en

42

el viejo país agropecuario. Ahora, sin embargo, como uno de los cerebros de la conspiración y munido de un plan económico, aparece José Alfredo Martínez de Hoz quien ha sabido entablar fuertes vínculos con el grupo Rockefeller.

Desde el Ministerio de Economía, Martínez de Hoz establece el escenario favorable para ese "capitalismo financiero dependiente", a través de la absoluta libertad para los movimientos de capitales y para las tasas de interés. De este modo se desarrolla una inmensa especulación, un fuerte endeudamiento externo (tanto público como privado) para hacer posibles estos negocios y también fuga de capitales, para poner a buen resguardo las ganancias obtenidas.

Al mismo tiempo, la apertura económica inunda el mercado interno con mercadería extranjera. Así mismo, el peso sobrevaluado facilita aún más las importaciones y constituye la base para un intenso turismo argentino en el exterior. Por otra parte, el endeudamiento externo privado recae finalmente sobre las espaldas del pueblo argentino a través de seguros de cambio. Los liberales, que ansían privatizarlo todo, estatizan, sin embargo, la deuda privada, como asimismo estatizan la empresa de electricidad CIADE por un valor varias veces superior al de sus instalaciones, según su denuncia oportunamente.

Esta política económica no solo transfiere riqueza del sector productivo y financiero sino que además provoca una redistribución fabulosa de ingresos en perjuicio de los trabajadores y el pueblo argentino en general. De aquí nacen, asimismo, nuevos grupos económicos, cuyos antecedentes permitían suponerlos una posible burguesía nacional, pero que prefirieron transnacionalizarse, ligándose a bancos extranjeros y buscando el mercado externo, merced al "bajo costo argentino" obtenido a través de la superexplotación del trabajo nacional.

Como se comprende, un apolítica de este tipo en exclusivo beneficio de minorías nativas y extranjeras puede aplicarse merced a una siniestra represión que asesina a 30.000 compatriotas, crea campos de concentración, aplica "vuelos de la muerte" e incluso llega al secuestro de bebés.

Las superutilidades logradas, fugadas en su mayor parte, tienen su contrapartida en un aumento notable de la deuda externa que no se traduce en inversión productiva alguna. Cuando el "proceso" entra en declinación, después del fracaso en Malvinas, no existe otro camino para lo militares que el repliegue por lo cual convocan a elecciones para esa época (1983), la deuda pública externa, que era de 5.295 millones de dólares en 1976, alcanza a 30.107 millones de dólares.

"La administración de la crisis"

Cuando llega el 31 de octubre de 1983 y debe concurrir a las urnas, la mayoría de los argentinos sólo ansía cicatrizar sus heridas. Así, la propuesta de Raúl Alfonsín dirigida a garantizar la democracia formal resulta ganadora. En lo referido a la deuda externa, el presidente radical había prometido una investigación para distinguir aquella que era legitima (organizada en autopréstamos, maniobras financieras, deudas canceladas cuyo pago no había sido registrado, tazas de interés desmesuradas, etc.).

Pero la investigación se para liza y se continúa pagando los servicios de la deuda cada vez con mayor peso y nada presupuesto del Estado.

Mientras desde 1982, se tramita un juicio impulsado por un patriota contra todos los responsables de los manejos atinentes a ese endeudamiento durante el "proceso", pero el gobierno no adopta, medida alguna, prefiriendo adaptarse a las precisiones del gran poder económico nativo e internacional.

Cuando ya no puede más el presidente Alfonsín cesa en el pago de los intereses de la deuda (marzo de 1988). Cuando ya no puede más devalúa (6 de febrero de 1989), provocando la furia de quienes no conocían sus intenciones y se quedaron con pesos, con la consiguiente perdida. Esos grupos económicos promueven, entonces un golpe de Estado financiero, reteniendo dólares lo que provoca una estampida de la devisa extranjera y un proceso hiperinflacionario que arrasa con el gobierno radical.

Derrotado por el justicialismo en las selecciones del 14 de mayo de 1989 el radicalismo abandona la Casa Rosada, con anterioridad a los plazos legales, imponente para continuar gobernando. Para entonces, la deuda pública externa se halla casa duplicada respecto de 1983: de 30.107 millones de dólares se eleva ahora a casi 58.000 millones.

Asimismo, en ese período, "el nuevo poder económico" gestado durante "el proceso", completa su consolidación.

El menemismo en el poder

Carlos Menem asume al gobierno el 8 de julio de 1989.

La política económica del período menemista resguarda y profundiza "el modelo" implantado por la dictadura "procesista". La hiperinflación desencadenada en 1989 es controlada a partir de 1991 a través de una política económica de astringencia monetaria y altos intereses, basada en la convertibilidad que fija la equivalencia un peso = un dólar. El primer efecto de las medidas adoptadas (al lograr una estabilidad que garantiza el crédito) produce cierta reactivación. Pero ésta es temporaria y cuando ese efecto se agota, a mediados de la década, la recesión se instala "para quedarse".

En primer término, el menemismo se preocupa por resguardar los intereses de los acreedores externos a través del Plan Brady, concertado en 1992. por éste se canjean los viejos bonos de deuda en poder de los bancos extranjeros por nuevos bonos Brady, con buena cotización por las nuevas garantías, que pasan a manos de tenedores particulares, con lo cual los bancos se liberan del peligro que quiebra ante una cesación de pagos. Asimismo, al producirse esta reconversión se debilita la posibilidad de aplicar la política de distinguir deuda legítima y deuda ilegítima. El Brady permite, además, cobrar los intereses atrasados desde marzo de 1988.

Estas ventajas de los acreedores externos se presentan como pequeñas concesiones de la Argentina ante la bondadosa quita ofrecida por los acreedores que al principio se evaluaba sobre el total de la deuda y que finalmente se aplicó sobre un pequeño porcentaje.

Poco después se asiste al otorgamiento de nuevos beneficios al sector financiero a través de la "capitalización de deuda externa". Ésta viene a complementar la vieja aspiración reaccionaria de privatizar las empresas públicas.

La "capitalización" permite comprar activos entregando títulos de baja cotización a los cuales el Estado argentino les reconoce su valor nominal entero con presencia de su valor real.

De este modo, los títulos de la deuda externa constituyen una de las armas más poderosas para la destrucción de una franja importantísima de la economía nacional, desde la telefonía y los transportes hasta las acerías, desde la distribución de energías hasta puertos, bancos y rutas. Se trata, en general, de empresas con mercados cautivos, muchas de ellas superavitarias, que se entregan con valuaciones muy inferiores a su valor patrimonial real, con previa alza de tarifas y ajustes posteriores por inflación de Estados Unidos, exenciones impositivas, pasivos a cargo del Estado, etc.

A su vez, los altos interese internos deterioran toda posibilidad productiva, mientras la importación crece, no sólo por la amplia apertura económica sino porque el peso sobrevaluado la abarata. De ahí el déficit comercial que comienza a carcomer al sistema, aún más notable en los valores de la balanza de pagos. Este modelo sólo funciona con endeudamiento externo, señalan sin vacilación los economistas del campo antiimperialista. Los datos de crecimiento de la deuda externa, en el período menemista en dólares, son los siguientes:

1992 - 59.123
1993 - 67.803
1994 - 74.632
1995 - 87.091
1996 - 97.105
1997 - 101.100
1998 - 104.000
1999 - 121.877

El endeudamiento se ha publicado, no obstante que la privatización de empresas, a través de la "capitalización de la deuda", logró repatriar una importante cantidad de títulos. Esto ratifica lo afirmado en el sentido de que este "modelo" funciona sólo con fuerte endeudamiento externo.
Como consecuencia, los intereses de la deuda se incrementan, provocando, a su vez, nuevo endeudamiento: pasan de 2.129 millones de dólares en 1989 a 8.200 en 1999.
Asimismo, crece nuevamente la deuda externa privada: de 70 millones de dólares en 1990 a 10.566 millones en 1996, y nuevamente se escuchan voces en el sentido de que el Estado se

ocupe, como veinte años, de crear mecanismos para aliviar a estos empresarios endeudados, es decir, una nueva "estatización de la deuda privada".

El total de la deuda, cuando el nuevo presidente electo, Fernando De la Rúa, asume el cargo sucediendo a Menem, alcanza los siguientes valores:

Deuda del Estado nacional: 121.877.000.000 de dólares.

Deuda de provincias y municipios: aproximadamente 20.000.000.000 de dólares.

Deuda externa privada: aproximadamente entre 40.000.000.000 y 45.000.000.000 de dólares.

La gestión de De la Rúa

(1999-diciembre de 2001)

El gobierno de la Alianza continuó, en lo medular del sistema económico, a los gobiernos que se vienen sucediendo desde 1976 y, en este sentido, el reclamo popular "que se vayan todos" es la respuesta que condensa el repudio a esa política y a sus servidores.

Las últimas cifras, a diciembre del 2001 cuando el "cacerolazo" provoca la renuncia de De la Rúa:

Deuda pública externa del Estado nacional:
132.143.000
Deuda externa de provincias y municipios:
22.000.000
Deuda externa privada (valor aproximado):
60.000.000

El total del endeudamiento alcanza a
214.143.000.000 de dólares.
El pueblo argentino está viviendo, o mejor dicho, dejando vivir, sometido a una expoliación permanente, uno de cuyos instrumentos es la deuda externa. La pérdida de soberanía frente a los grandes poderes mundiales regentados por los organismos internacionales facilita la imposición de políticas económicas antipopulares que en veinticinco años han destruido la mayor parte del aparato industrial nacional y el empleo, así como los sistemas previsionales, de educación y salud, colocando a la mitad de los argentinos por debajo de los índices de pobreza.

Con la caída del gobierno de la Alianza y la asunción del presidente Adolfo Rodríguez Saá, elegido por la Asamblea Legislativa, se declara el "default" técnico, que no es ni más ni menos que la incapacidad del Estado para captar los recursos necesarios para cumplir con los servicios anuales de la deuda externa.

A la luz de los acontecimientos históricos se deduce que tanto gobiernos de facto como democráticos han actuado de modo irresponsable y reprobable en el manejo de la deuda externa.

Sin embargo, los grupos que se alternan en el poder y hasta aparecen enfrentados por criterios diferentes, en realidad buscan los mismos objetivos. Pensamos que mientras esos grupos no sean separados de la administración del Estado y sometidos a un verdadero juicio histórico no existirá posibilidad alguna para la Nación Argentina.

2000 - 140.055.000.000
2001 - 154.951.000.000
2002 - 171.198.000.000
2003 - 178.795.000.000

Como se puede apreciar, la Deuda Externa es hasta hoy uno de los principales protagonistas de nuestra postración.

Tasa de Mortalidad infantil por 1.000 nacidos vivos, según provincia de residencia de la madre

1980 - 33.2
1981 - 33.6

1982 - 30.5
1983 - 29.7
1984 - 30.4
1985 - 26.2
1986 - 26.9
1987 - 26.6
1988 - 25.8
1989 - 25.7
1990 - 25.6
1991-- 23.8

Argentina: endeudamiento y dictadura militar

El período durante el cual la deuda Argentina literalmente explotó, corresponde al de la dictadura militar del general Videla (1976-1981). La política económica promovida por Martínez de Hoz. Ministro de Economía de la dictadura, a partir del 2 de abril de 1976 marca el inicio de un proceso de destrucción del aparato productivo del país, creando las condiciones para una economía especulativa que desbastó el país. La mayor parte de los préstamos otorgados a la dictadura Argentina, provenían de bancos privados del Norte. Estos contaban con el total acuerdo de las autoridades de los Estados Unidos (tanto de la Reserva Federal como de la Administración norteamericana).

Los "maestros" argentinos de la política de endeudamiento eran el Ministro en Economía Martínez de Hoz y el Secretario de Estado para la Coordinación y la Programación Económica, Guillermo Walter Klein. Para obtener préstamos de los bancos privados, el gobierno exigía de las empresas públicas argentinas que se endeudaran con los banqueros privados internacionales. Las empresas públicas se convirtieron entonces en una palanca fundamental para la desnacionalización del Estado, a través de un endeudamiento que entrañó el abandono de una gran parte de la soberanía nacional.

Evolución de la deuda externa 1975 -1985 (en millones de dólares)

Año	Deuda total	Aumento
1975	7 875	
1976	8 280	5,14%
1977	9 679	16,9 %
1978	12 496	29,1%
1979	19 034	52,32%
1980	27 072	42,23%
1981	35 671	31,76%
1982	43 634	22,32%
1983	45 087	3,33%
1984	46 903	4,02%
1985	48 312	3%

Cancelación de la deuda durante el período comprendido entre los gobiernos peronistas

Una de las medidas más importantes del primer gobierno de Perón fue la cancelación casi total de la deuda externa, hecho histórico que permitió que el país y, particularmente, el Estado pudiera invertir las divisas que antes se drenaban a los centros imperialistas en el proceso de acumulación interna. Si bien es cierto que los servicios de la deuda habían disminuido a fines de la década del 30 a menos del 20% de las exportaciones, todavía quedaba un remanente de empréstitos anteriores que, con un acertado criterio nacional, Perón decidió cancelar.
Para adoptar esta medida, cuya importancia no ha sido debidamente apreciada por quienes anteponen ideología a análisis científico de la realidad, la Argentina contaba en 1946 con una reserva cercana a los 2000 millones de dólares.

Pero en vez de invertir el saldo que quedaba, luego de pagar la deuda externa, el gobierno peronista utilizó 1500 millones de dólares para comprar los ferrocarriles que los ingleses querían vender desde mediados de la década de 1930. El presidente Justo había ya hecho la primera adquisición, manifestando en 1938 que eso formaba parte de una "nueva orientación en materia ferroviaria, cual es la adquisición paulatina por el Estado de las empresas particulares que explotan hoy el servicio ferroviario".

Después de esta operación y del pago de la indemnización por la nacionalización de la Unión Telefónica y empresas eléctricas, al Estado sólo le quedaron unos 370 millones de dólares. Y todavía le faltaba cancelar una deuda de 125 millones de dólares a los Estados Unidos, para lo cual fue necesario contratar en 1949 un "empréstito por la misma suma, destinado 108 millones a lo que debíamos y el resto a la compra de locomotoras y quipos para el servicio telefónico".

Para obtener este préstamo Perón dio garantías a los Estados Unidos en orden autorizar la transferencia de la cede de la empresa Swift a ese país, con todas sus ganancias, y la promesa de un arreglo "decoroso" con la American and Foereign Power (ANSEC), que exigía 60 millones de dólares de indemnización por haber sido nacionalizada. La misión Cereijo fue la encargada de concretar estas promesas. En compensación el Eximbank otorgó un préstamo de 60 millones de dólares a Somisa para que pueda poner en marcha la planta de San Nicolás.

En definitiva, el banco de Exportación e Importación concedió el crédito de 125 millones de dólares en consideración a que "el gobierno Argentino -comentaba "La Prensa"- aceptó realizar los mayores esfuerzos financieros para liquidar los saldos pendientes adeudados a las compañías norteamericanas por utilidades, regalías y deudas". Si no se hubiera pagado esto, "no hubieran podido comprar más mercaderías". En síntesis, el peronismo logró sanear en gran medida la deuda durante primeros años de posguerra, pero volvió a endeudarse, aunque moderadamente, en las postrimerías de su gestión. Un informe elaborado por el Banco Central en 1970 entregó un balance de la deuda externa entre 1939 y 1969, en el que señalaba que en estos 30 años la Argentina obtuvo 170 créditos oficiales externos, la mayoría de ellos –160- a partir de 1955. Entre 1939 y 1955 no hubo casi endeudamiento, ya que los cinco créditos de 1939 a 1946 no alcanzaron a 90 millones; y los de 1946 a 1955 apenas bordearon los 200 millones de dólares. El servicio de la deuda externa en 1949 sólo significó un desembolso de 9 millones de dólares, cifra que subió a 17 millones en 1955 y a 44 millones en 1957.

Endeudamiento forzado de las empresas públicas

Esto es tan así que por ejemplo, la principal empresa pública argentina, la petrolera YPF

(Yacimiento Petrolíferos Fiscales), fue forzada a endeudarse en el exterior aunque disponía de recursos suficientes para sostener su propio desarrollo. En el momento del golpe militar del 24 de marzo de 1976, la deuda externa de YPF se elevaba a 372 millones de dólares. Siete años mas tarde, al terminar la dictadura, esta deuda se elevaba a 6.000 millones de dólares. Su deuda se multiplicó por 16 en siete años.

Casi ningún monto de esa deuda en divisas extranjeras fue a parar a la caja de la empresa; quedaron en manos de la dictadura. Bajo la dictadura, la productividad del trabajador de YPF aumentó un 80%. El personal se redujo de 47.000 a 34.000 trabajadores.

La dictadura, para aumentar las entradas a su caja, bajó a la mitad el dinero por comisiones que iba a YPF por la venta de combustibles. Es más, YPF fue obligada a refinar el petróleo que extraía, en las multinacionales privadas Shell y Esso, aunque podía, dada su buena situación financiera al comienzo de la dictadura, dotarse de una capacidad de refinación acorde a sus necesidades (complementando la de sus refinerías de: La Plata, Luján de Cuyo y Plaza Huincul).

En junio de 1982, todo el activo de la sociedad estaba prendado por las deudas.

Cuando los liberales estatizan es peor que cuando privatizan

Llegado el momento de licuar pasivos a las grandes empresas, siempre aparecen economistas solícitos que ofrecen artificiosos mecanismos, generalmente inextricables para el gran público, que los gobiernos por aquello de "preservar la rentabilidad de las empresas para preservar las fuentes de trabajo"- se apresuran a dar sus decretos. Así ocurre partir de 1981.
Según comentaban fuentes oficiales, está decidida la aplicación de un seguro de cambio.

Este mecanismo garantiza un determinado nivel de cotización, mediante el pago de una prima, a quienes tomen créditos externos, con independencia de la paridad real del peso frente al dólar momento del repago del préstamo.
Si la cotización vigente del vencimiento es superior a la proyectada por el seguro de cambio, el Estado, a través del Banco Central se hace cargo de la diferencia y sufre un quebranto. Si la situación es inversa, o sea la cotización resulta inferior, resulta una pérdida para el tomador de fondos. Es decir, desde las primeras versiones periodísticas queda en claro que "el Estado sufre un quebranto", es decir, asume una parte –en

algunos casos, la mayor o casi la totalidad- de la deuda del empresario privado, pues el negocio está armado de modo tal que la prima del seguro resulte escasa o casi nula importancia respecto de a la garantía del cambio futuro, en una política económica donde el peso pierde valor frente al dólar.

Con la contundencia que da el conocimiento y la honestidad, Alejandro Olmos afirma:

"Una deuda se contrae con el dólar a $10, a pagar a 3 años. El Estado asegura la cotización, a través de una prima. A los 3 años, si el dólar está a $100, es decir $90, la asume el Estado, es decir, todos nosotros" y agrega: "fíjese que ésta situación se agrava porque en muchos casos estas deudas no eran reales, sino autopréstamos, en cuyo caso el Estado se hizo cargo, en un alto porcentaje, hasta de deudas que no existían" Alejandro Gómez Gaona, dijo del "fiscal de la deuda", agrega: "supóngase que la sucursal del Citibank de la Argentina, le debe a su casa matriz en Estados Unidos. Con el seguro de cambio, el Estado argentino se hace cargo de krem parte de la deuda en una realidad interna a una misma empresa". A su vez, un periodista denuncia que se le probaron autopréstamos al grupo. "Techint a Impresit Sideco (de Macri), a SADE (de Pérez Companc) y a Impsa (de Pescarmona)", y agrega que "José Luis Machinea frenó la investigación de estos asuntos, en la época de Alfonsín y que la resolución que archivaba la cuestión lleva la firma de Daniel Marx".

En ese momento, la información responsabilizaba de este operativo financiero al ex Ministro de Economía Lorenzo Sikaut, al subsecretario de Finanzas Hugo Lamónica y al presidente del banco central, Egidio Iamella. Posteriormente, el sistema de estatización de la deuda privada se enriquece –entre 1982 y 1983- con los entusiastas aportes de Lucio Gonzáles del Solar y Domingo Caballo. Esta preocupación por transferir deudas privadas sobre las espaldas del pueblo argentino, se encuentra también otro adalid en un hombre cuya estrella sube, por entonces para destellar bien pronto en el centro del establishment: Emilio J. Cárdenas, un personaje interesante sobre el cual conviene detenerse.

Cárdenas es Chozno de Florencio Varela (por vía paterna), hijo de una Escurra (por vía materna) y se halla vinculado por su pasado con la familia Montes de Oca. Su padre era estanciero y su abuelo fue uno de los primeros presidentes del banco central en los años treinta. Emilio cursó en el colegio Champahmat y se recibió de abogado en Buenos Aires, perfeccionándose en Princeton, Michiham y California. Ingresó luego al estudio

Becar –dedicado preferentemente a representar el capital norteamericano -de donde pasó el estudio Klein and Mairal que en esa etapa se llamó, Klein Mairal y Cárdenas. Luego, se retiró y fundó la consultora Càrdenas, Gope y Otero monsegur. Desde allí incrementó sus relaciones con los Yanquis, teniendo de cliente a Morgan.Kuaranty y a Esso, entre otros. Pasó entonces a presidir la sucursal del Bank of New York en Buenos Aires y a desempeñarse como gobernador en la cámara de Comercio argentino-norteamericano.

Estos servicios le permitieron en 1990 asumir la presidencia de Bancos extranjeros en la Argentina. Integra, además, directorios de otras empresas (como Arcor) todo lo cual le otorga el suficiente prestigio para ser columnista regular de la ácimo y La Prensa. Durante el gobierno de Alfonsín intervendrá en el primer plan Houston, dirigido a promover la explotación del petróleo por empresas extranjeras. Luego, en la presidencia de Menem anticipara a la privatización de ENTEL en la grata compañía de Maria Julia Alzogaray y Ricardo Zimmg. El 19/09/1992 será designado embajador argentino ante las naciones unidas, pues según Clarín, "la intención del gobierno de Menem es contar, en un cargo diplomático con asiento en Nueva York con una figura de aceitados contactos con el gobierno y factores de poder estadounidenses" a sus dotes de banquero, periodista y polista agrega la de experimentado lobista, como lo demuestra su articulo de "La Nación" del 31 de octubre de 1982. Allí Cárdenas aboga para que el Estado cumpla sus compromisos, tanto en los seguros de cambio como en los Swaps –operaciones de 2 pases financiero" de similar efecto al de seguro- pues afirma:

"La acción del Estado debe estar enderezada a respetar al máximo posible los compromisos asumidos. Está en juego una vez más el crédito del sector público, su credibilidad y la confianza que todos aquellos vinculados a el aspiran continuar teniendo" como se comprende, el planteo de un hombre prestigioso como Cárdenas, lanzando desde un diario prestigioso como la Nación, no obedece a míseros intereses financieros, sino a resguardar el honor de la República Argentina, enalteciendo con el pago de la deuda externa ahora ya no solo publica sino también privada.

En general "los medios" se ocupan poco de este asunto, como si se tratara de una cuestión de exclusivo interés de los deudores privados y del Estado, a pesar de que el pato de la boda es toda la sociedad.

Sin embargo en 1983, en uno de los últimos operativos de este sistema salta en Clarín el enojo de Dionisio Martín, titular de la subsidiaria Argentina del Citibank respecto del ministro Jorge Wegve, que, no habría cumplido su compromiso, a pesar de que "cenando con el, este le aseguró que los títulos nominativos en dólares con que se refinanciaría la deuda por seguros de cambio, saldrán a cambio del ingreso de los primeros 500 millones de dólares del crédito por 1500 millones". La noticia apenas nos permite entrever lo que sucede entre las bambalinas, porque agrega que al mediodía siguiente, Julio Gonzáles del solar, "intempestivamente, exigía¿ que Wegve se pusiera al otro lado del teléfono porque esto no era lo que acordamos."

Lo concreto es que este mecanismo financiero les permite a grandes empresas endeudadas en dólares, asegurarse determinada cantidad de divisas extranjeras, que le será entregada entre uno o dos años a la cotización de hoy aun cuando el dólar haya crecido su valor en dos, tres o más veces.

En concreto, se trata de una estatización, pues el Estado carga con una diferencia muy importante, es decir, significa una transferencia de deuda desde el sector privado hacia el Estado. Alfredo y Eric Calcarhmo estiman que dicha transferencia alcanza, entre 1981 y 1983, a 14.500 millones de dólares. Por su parte, Claudio

Lozano, posiblemente en razón de que los seguros de cambio operan durante un tiempo mas, se refieren a la "estatización de cerca de 20.000 millones de deuda privada.

Estadísticas revelan esa transferencia de deuda de un puñado de empresas sobre el resto de los argentinos. Varias de ellas, las mas importantes, operan luego en el negocio de capitalización de la deuda a través del cual se privatizan las empresas de servicios públicos.

O lo que es lo mismo ellas contrajeron deuda externa, la transfirieron al Estado a través de la estatización, luego cuando esos mismos títulos cayeron a valores muy bajos en el mercado mundial, los adquirieron convirtiéndose en acreedores de deuda externa y con esos mismos títulos –a través de los cuales ellos compraban barata la misma deuda externa que habían contraído y no habían pagado-ahora cotizados a valor nominal, se quedaron con las empresas públicas.

En esa época en que comienzan a implementarse los seguros de cambio, aparece otra noticia de naturaleza también escandalosa en este mundo financiero. El diario La Razón informa:

Que no produjo consecuencias procesales y que no le ha impedido continuar recorriendo el mundo, en representación de grandes empresas multinacionales aunque quizás, alguna vez, desde la tranquilidad de su castillo normando en Chalpadmalad y en esa paz espiritual que otorga el mar, halla ojeado las páginas de un libro José Luis Torres, publicado en 1940: "algunas maneras de vender la patria" .

Argentina: La negociación de la deuda externa

Al día de hoy no está definido el resultado final del largo y desgastante proceso de negociación por la deuda externa con los acreedores privados, llevado adelante por el gobierno argentino, porque aunque la oferta a los bonistas ya fue presentada, ésta contiene diversos elementos que pueden significar cambios en los números al término de los plazos estipulados.

Sin embargo hay importantes aspectos que se fueron desarrollando en el curso de este año y medio de forcejeos, que pueden y deben ser valorados, y permiten acercar, por lo menos, un balance parcial.

El discurso y la lógica

El discurso asumido por las administraciones -ya fueran militares o civiles- que nos gobernaron en las últimas tres décadas, invariablemente reafirmó antes que nada que el país debía honrar la deuda contraída. Este gobierno desde que asumió instaló otro discurso: no vamos a pagar la deuda con el hambre del pueblo.

Este planteo fue, y es, repetido por todos los funcionarios nacionales desde el presidente para abajo, en todos los escenarios nacionales e internacionales en los que se debate sobre la deuda Argentina. La consecuencia es que el planteo actual respecto a la reestructuración en curso, es que primero deben estar garantizados los recursos para sostener el desarrollo económico del país, y en función de esto podemos decidir que es lo que se puede pagar.

Esto implica un cambio cualitativo en la lógica con la que se aborda la política económica: se piensa que no se van a producir inversiones a través nuevo endeudamiento externo -como afirma el discurso neoliberal- sino que la posibilidad de acceder a un ciclo de inversiones está ligada a que el país garantice un proceso de crecimiento sustentable en el tiempo.

La defensa del actual ciclo de crecimiento económico se convirtió entonces en el elemento central que guía las propuestas de los negociadores argentinos. Y desde la perspectiva del capital financiero, representada descarnadamente por el FMI, el objetivo es exactamente opuesto: recortar todo lo posible la magnitud del excedente que quede en el país, y sobre todo, la porción de éste que permanezca en manos del estado argentino.

De ahí que en la discusión con el FMI no están sólo presentes las cuotas y los plazos de la propia deuda, sino otros aspectos esenciales de la política económica: las tarifas de servicios que están en manos de las empresas transnacionales, una reestructuración del sistema financiero que liquide la porción que sigue manejando el estado a través de la banca pública, la reforma del sistema impositivo para hacerlo más regresivo aún, la instrumentación de una nueva ley -que podría incluir hasta una reforma constitucional- que ahogue las autonomías provinciales en las decisiones del gasto, a lo que hay que agregar la participación directa del Fondo en el debate sobre la magnitud de la oferta a los bonistas.

Todas estas exigencias fueron rechazadas por el gobierno, y motivaron la suspensión transitoria del acuerdo con el FMI, lo cual permitió sacar del medio, esos temas por varios meses, dándole continuidad al dinamismo del mercado interno. Este sigue siendo la base del crecimiento actual, y su sustentabilidad es la condición indispensable que permitirá aprovechar la favorable perspectiva del sector externo, en la perspectiva de impulsar un desarrollo nacional capaz de iniciar la desconexión de la lógica neoliberal que predomina en el escenario internacional.

La suspensión del acuerdo con el FMI, el crecimiento económico en tiempo de cesación de pagos, la concreción final de una quita cercana al 70%, son elementos de un enorme valor en un escenario internacional con dominio excluyente de las políticas fondomonetaristas, difíciles de desafiar por parte de los países dependientes, sin pagar enormes costos de desestabilización económica y política.

Las perspectivas

La perspectiva para los próximos años en el mercado mundial presenta aristas sumamente contradictorias. Por un lado, la producción agropecuaria argentina vuelve, después de mucho tiempo, a instalarse con posibilidades de ofrecer mercancías que se valoricen fuertemente a partir de un extraordinario crecimiento de la demanda, que es muy probable se mantenga durante varios años

Por otro, la estructura económica nacional heredada de varias décadas de aplicación salvaje del modelo neoliberal, y su imbricación profunda con la estructura internacional de igual signo, constituyen una madeja atada con miles de nudos gordianos, que no se cortan con uno ni con dos ni con tres tajos.

En estas últimas semanas hemos asistido a todo tipo de planteos aludiendo al mantenimiento de las estructuras injustas y de la inconsistencia y/o incoherencia de las políticas oficiales, acompañados en la mayoría de los casos, de programas e indicaciones sobre lo que debería hacerse. Programas, que según afirman los que los proponen, dependen de la voluntad política de cambio, para su aplicación automática. Como evidentemente no se aplican estos programas, la conclusión es que éste gobierno no tiene voluntad política de cambio.

Nosotros preferimos evaluar la voluntad política del actual gobierno, desde el análisis de la correlación de fuerzas que tenemos desde el campo popular, a la hora de medirnos con las poderosas empresas transnacionales que dominan el mercado mundial y controlan gran parte de la estructura económica nacional. Porque entendemos que cualquier medida que empiece a redistribuir en favor de las mayorías nacionales las inmensas riquezas que se siguen produciendo en nuestra patria, irá en detrimento de los intereses estos poderosos monopolios y será resistido por ellos con todos los medios a su alcance, que son muchos.

La Argentina ha encarado varias reestructuraciones de la deuda externa en los últimos años. Entre las más recientes podemos mencionar la del plan Brady durante el menemismo, y la del megacanje durante la administración De la Rua. Ambas contaron con el aval y el apoyo irrestricto del FMI, y se desarrollaron en contextos en que la relación con los gobiernos era de coincidencias totales con las políticas de ajuste que se implementaban y que el poder financiero exigía.

Es exactamente lo opuesto a lo que pasa por estos días. La relación con el FMI -a pesar de que cobra puntualmente su parte de la deuda- no pasa por su mejor momento. Las fricciones no son sólo de discurso, sino porque el gobierno ha demostrado voluntad política suficiente para resistir las recetas liberales que los funcionarios del Fondo siguen recomendando. Es más, la palabra ajuste ha sido desterrada del diccionario económico por este gobierno.

Hoy estamos discutiendo: cual es la magnitud de quita de la deuda; si la empresa del estado que se crea va a funcionar mejor o no con tal o cual figura jurídica; si a los aumentos dados a los jubilados y empleados estatales se pueden y deben sumar otros y de que magnitud; si lo planificado de obra pública se viene ejecutando adecuadamente o no; por cuanto tiempo más deben mantenerse las tarifas congeladas; si el crecimiento del presupuesto social es suficiente;

si el decrecimiento de la desocupación será más o menos rápido en los próximos años; sobre que bases debe desarrollarse el mercado regional, etc. Estamos discutiendo si las medidas progresivas que ya viene tomando el gobierno nacional, pueden ser mejoradas y como. No estamos debatiendo como resistimos nuevos ajustes, como sucedió durante las últimas tres décadas en la Argentina. Obviamente ninguno de esos temas tienen nada que ver con la agenda neoliberal, ni con los programas del FMI, ni con las propuestas del G 7. No es casual que, a diferencia de los elogiosos comentarios que le prodigaban al liderazgo menemista (aun hoy es rescatado con nostalgia por el propio presidente del FMI) y a la "honestidad" de De la Rua, desde sus principales voceros, tanto en el país como en el exterior, surgen permanentemente duros ataques a las políticas del gobierno, y a la figura del presidente Kirchner.

Los próximos pasos

Los pequeños pasos que se han dado en dirección contraria al desarrollo neoliberal encuentran una fuerte oposición del poder financiero, de las multinacionales, de la derecha política. Avanzar más rápido y profundizar las huellas abiertas, requiere no sólo de voluntad política, sino de la fuerza suficiente parta sostener esa voluntad. Los ejemplos más cercanos que tenemos de confrontación a las políticas imperialistas nos dejan claras enseñanzas. Cuba y Venezuela en nuestro continente nos muestran procesos de cambio que resisten los ataques del imperialismo, con pueblos movilizados y comprometidos, resultado de años de construcción y acumulación política, que permitió juntar la fuerza suficiente para, hoy, impulsar programas económicos que tienen mas de un punto de contacto con el que tenemos en la Argentina. No hay ningún proceso de cambio desarrollado por ningún gobierno revolucionario o progresista, que haya solucionado por un golpe de su voluntad política las tremendas injusticias que dejan décadas de aplicación de políticas antipopulares. Hay que construir la voluntad política de las mayorías, porque esa es la única garantía de cambios profundos y duraderos.

La deuda es injusta, ilegal, e ilegítima. Los banqueros que nos piden su pago le deben al pueblo argentino mucho más de lo que nos reclaman. Pero de nada vale que nosotros lo sepamos y lo repitamos, sino no somos capaces de construir la fuerza popular suficiente para que seamos millones los que lo exijamos.

El gobierno de Néstor Kirchner abrió la posibilidad de sacar este debate de los pequeños grupos para trasladarlo a millones. No vamos a pagar la deuda con el hambre del pueblo, dice. Con esa bandera vamos construyendo la voluntad política necesaria para sostener en los hechos lo que decimos en los discursos.

A veces se puede avanzar más rápido, a veces hay que ir más despacio. De lo que se trata es saber si vamos en la dirección correcta. De eso estamos convencidos.

De que manera cada ciudadano argentino paga la deuda.

Los argentinos debemos hoy a los bancos extranjeros, al FMI, al Banco Mundial y a otros organismos internacionales unos: 200.000 millones de dólares. 150.000mll son de la deuda pública, que debe pagar el estado en forma directa.

Los otros 50.000 mll los deben pagar las empresas privadas.

Para eso necesitan dólares, que el estado está obligado por ley a proveérselos a razón de un peso un dólar (ley de convertibilidad.

La cuenta es sencilla:

Somos 37 millones de habitantes.

Cada uno de nosotros debe 5.405 dólares a los bancos extranjeros, al FMI y al banco mundial, aún al nacer. 4.054 dólares por la deuda publica.

1.351 dólares por la deuda de empresas privadas. Cada jefe de familia tipo, debe pagar 21.620 dólares.

A los cuales se le agregan los intereses anuales, que son:

9.500mlls por la deuda publica y 3.000mlls por la deuda privada, sumando un total de 12.500mlls.

Esto significa, que a cada uno de nosotros le corresponden pagar 28 dólares mensuales de por vida.

De esa forma, uno esta pagando ya 112 dólares por mes de intereses.

El aumento de impuestos y la rebaja de sueldos estatales, fueron medidas tomadas para pagar los 9.500mlls de intereses de la deuda.

El déficit fiscal del estado es de unos 5.500mlls anuales, que, si no tuviéramos que pagar los 9.500mlls de intereses. Nos sobrarían 4.000mlls, o sea tendríamos superávit.

Con este dinero podríamos construir escuelas, hospitales,

Aumentar las jubilaciones y haber creado 2.200.000 planes trabajar.

Para terminar de pagar los intereses va a haber más impuestazos y salariazos.

Los salarios han disminuido en un 25% en los últimos 10 o 12 años, por lo que un trabajador que hoy gana $400 mensuales, debería estar ganando $530 por mes para estar igual que en 1.988, hoy gana $130 menos, y los intereses de la deuda son unos $112. En conclusión, de los $130 que pierde mensualmente cada trabajador, $112 se destinan para pagar los intereses de la deuda, y los otros $18 representan la parte de riqueza concentrada y que no han fugado aun.

No es una coincidencia casual.

Los gobernantes, con la deuda y la política económica, provocaron la disminución de los salarios y lograron concentrar la riqueza del país en muy pocas manos:

Unos 10 grupos económicos locales.
Los bancos acreedores extranjeros
Y las grandes corporaciones multinacionales que se quedaron con las empresas públicas y privadas argentinas.

Estasoles, 19 de mayo de 2010
La nueva ofensiva contra Venezuela

Homar Garcés
(especial para ARGENPRESS.info)

La convergencia de grupos reaccionarios de Estados Unidos, Colombia, España y algunos gobiernos europeos, dirigida a establecer algunas matrices de opinión negativas sobre la realidad venezolana, basadas en una creciente campaña de mentiras divulgadas a todos los niveles sin recato alguno, obliga a los revolucionarios de este país a plantearse no ya la simple defensa del gobierno constitucionalmente constituido sino la defensa del derecho a la autodeterminación que le asiste a Venezuela como pueblo independiente que es, cuestión que debe respaldarse, igualmente, con una movilización de los sectores populares, con una campaña informativa constante y una preparación en todos los terrenos posibles, incluido el militar, ya que es evidente que esta convergencia reaccionaria busca minar los cimientos del proceso de cambios bolivariano como fase preliminar a una eventual intervención militar bajo el comando estadounidense, no obstante las amplias relaciones comerciales que se tienen en el área petrolera con las transnacionales de estos países.

A esto se une la ofensiva mediática de los diferentes medios de difusión, encargados de destacar los aspectos negativos que pudieran presentarse en el país, de modo que se reduzca cada día la confianza de los sectores populares (incluso de alguna gente con una mediana formación ideológica) en la eficacia y la integridad de quienes conforman los diferentes niveles de gobierno, habida cuenta que muchos de ellos actúan sin la menor humildad ni formación revolucionaria que los haga enmendar sus errores y comprender que la revolución no está representada en la militancia de un partido político determinado, en este caso, del PSUV, y, menos, en la acumulación de cuotas de poder al estilo de la dirigencia política del pasado. Tal escenario propicia acelerar, en consecuencia, los diversos cambios revolucionarios entrevistos en la Constitución de la República Bolivariana de Venezuela, en vez de la complicidad inconsciente de muchos chavistas al descalificar y pretender silenciar las opiniones divergentes y críticas que expresamos muchos revolucionarios sobre las cosas negativas que desvirtúan la revolución socialista, simplificando equivocadamente la realidad venezolana a la existencia de dos bloques políticos enfrentados, chavistas y antichavistas, cuando esta realidad es aún más compleja de lo que se piensa y percibe.

Por esto mismo, los sectores más derechistas del país buscan agudizar esta campaña de desprestigio internacional, reiterando obedientemente las líneas del gobierno de Washington respecto a una presunta violación - además impune- de los derechos humanos y una presunta vinculación oficial del gobierno venezolano con narcotraficantes y grupos terroristas de todo el mundo, una estrategia que ya le resultara exitosa al imperialismo en los casos de Panamá e Iraq, basada en el cúmulo de falsas acusaciones, ideadas por el Pentágono y el Departamento de Estado, con la asesoría de grupos especializados en operaciones psicológicas a través de la gestión o manipulación de noticias.

De ahí que la defensa a ultranza de la soberanía de su territorio nacional por parte de los venezolanos, sin fundarse exclusivamente en esa confianza ciega sobre la capacidad y el compromiso constitucional del gobierno y de sus fuerzas armadas para cumplir con este propósito frente a un enemigo imperial dispuesto a todo, con tal de destruir las amenazas surgidas en la última década a su hegemonía unipolar, implica algo más que el respaldo al gobierno del Presidente Chávez, pues está en juego el derecho de todo pueblo a decidir su propio destino y a crear el Estado de bienestar y de igualdad social que desee para sí mismo, en paz y atendiendo a sus propios intereses nacionales, algo que han aprendido a manejar los pueblos de nuestra América en forma colectiva y no en forma individual, siendo éste su aporte más visible a la lucha antiimperialista del presente siglo a escala mundial.

Las empresas acaparaban nuestras riquezas, exigían dólares al Banco Central para girar la mayor parte de sus ganancias al exterior.

OPINIÓN • POLÍTICA (5-1-2013)

PEDRO BRIEGER

Seguimos siendo el patio trasero de Estados Unidos?

Las acciones llevadas adelante por la Casa Blanca en la última década, desmienten el supuesto "desinteres" del Imperio hacia una región que sigue siendo una preocupación para la política exterior estadounidense.

Después del atentado a las Torres Gemelas y el Pentágono en 2001 numerosos analistas sostenían que Estados Unidos había relegado América Latina a un segundo plano.

Supuestamente esto se debía a que la "guerra contra el terror" enunciada por el presidente George Bush (h) centraba todos los focos en Afganistán e Irak. Algunos incluso aseguraron que América Latina se había convertido en irrelevante para los proyectos norteamericanos.

Si uno se guiara por los dichos públicos de los principales funcionarios norteamericanos y los debates entre los candidatos presidenciales en todos los procesos electorales desde 2001 hasta la fecha uno podría llegar a la conclusión que - efectivamente- América Latina ocupa un lugar secundario e irrelevante en la política exterior de la Casa Blanca. Mas no es así. Lo demuestra día a día el gobierno de los Estados Unidos aunque algunas de sus acciones no tengan gran alcance mediático.

A la vista están la continuación del bloqueo a Cuba, la red de bases militares en Sudamérica, el Plan Colombia, el fracasado proyecto del Área de Libre Comercio de las Américas (ALCA), el apoyo al golpe de Estado contra Hugo Chávez en 2002, la intervención militar en Haití en 2004 para derrocar a Jean Bertrand Aristide, entre tantas otras actividades que incluyó la participación abierta del embajador Paul Trivelli en Nicaragua para unir a la oposición e intentar evitar el triunfo electoral de Daniel Ortega. Ya esta serie de hechos alcanzarían para demostrar que la Casa Blanca no sólo que no considera "irrelevante" a América Latina, sino que es una región vital a sus intereses y su esfera de influencia natural.

Es tan importante la región que a comienzos de 2012 el Congreso de los Estados Unidos aprobó un acta denominada "Contrarrestando a Irán en el Hemisferio Occidental". Allí se puede leer que Estados Unidos tiene "intereses políticos, económicos y de seguridad vitales en el Hemisferio Occidental (todo el continente americano). Sin aportar pruebas y en base a múltiples aseveraciones vagas se afirma que la República Islámica de Irán está perpetrando operaciones vinculadas al tráfico de drogas, armas y de personas, lavado de dinero, falsificación de documentos, pirateando software y música.

Es tan importante la región que a comienzos de 2012 el Congreso de los Estados Unidos aprobó un acta denominada "Contrarrestando a Irán en el Hemisferio Occidental".

Además se la acusa de brindar apoyo logístico en el continente a todo tipo de organizaciones terroristas (como la palestina Hamás y el Hezbolá libanés) y a narcotraficantes como Los Zetas mexicanos. Por otra parte, se la vincula a los atentados a la Embajada de Israel y la AMIA en la Argentina. Leyendo el documento uno podría llegar a la conclusión que las toneladas de cocaína que ingresan a Estados Unidos las transportan iraníes y que casi todos los males de la región recaen sobre sus espaldas.

Una simple lectura del documento permite comprender que Estados Unidos está preocupado porque Teherán estrecha sus vínculos con varios países latinoamericanos para minimizar los efectos de las sanciones internacionales impulsadas por la primera potencia mundial. Algún lector desprevenido puede pensar que esto tiene que ver con los planes nucleares de la República Islámica. Sin embargo, vale la pena recordar que las primeras sanciones contra Irán son del 14 de noviembre de 1979, diez días después de la toma de la embajada norteamericana en Teherán y mucho antes que nacieran Hamas o el Hezbolá, o los iraníes desarrollaran tecnología nuclear. El gran pecado de los iraníes es haber derrocado a la dictadura del Sha Reza Pahlevi -uno de principales aliados de Estados Unidos durante la guerra fría, y fue eso lo que motivó la furia del Departamento de Estado y las multinacionales petroleras que controlaban el negocio del oro negro.

Como se menciona en el documento, la gran preocupación de la Casa Blanca es que Bolivia, Cuba, Ecuador, Nicaragua, Venezuela y otros países latinoamericanos estrechen sus relaciones con Teherán. Para evitarlo el Congreso propone realizar un seguimiento de todo aquello vinculado a Irán en el Hemisferio occidental; desde embajadas, centros religiosos, culturales y de caridad hasta medios de comunicación, empresas, puertos y aeropuertos. En pocas palabras, un minucioso monitoreo de toda la región controlado por el Departamento de Estado.

La gran preocupación de la Casa Blanca es que Bolivia, Cuba, Ecuador, Nicaragua, Venezuela y otros países latinoamericanos estrechen sus relaciones con Teherán.

En realidad, no es la Republica Islámica de Irán lo que más preocupa a los Estados Unidos, sino que esta corriente de gobiernos progresistas de América Latina se consolide como un bloque independiente. Lo de Irán es una nueva excusa, como en otros momentos lo fue la amenaza comunista.

3-1-2013
Cultura • Sociedad

Víctor Musa

El periodista que investigó habla sobre Neruda, su vida, su viuda, su muerte y la traición a su legado

El periodista Mario Casasús —corresponsal del diario Clarín, de Chile, colaborador habitual de Cambio (Bolivia), Brecha (Uruguay), TeleSUR (Venezuela), el suplemento La Jornada Semanal (México), Rebelión (España), la agencia mapuche Azkintuwe y este portal, entre otros medios impresos y electrónicos— coautor con Francisco Marín y Manuel Araya de El doble asesinato de Neruda (Ocho Libros Editores,

2012), habla en Viña del Mar con Radio Continente. | VÍCTOR MUSA.*

—Neruda siempre expresó su militancia comunista, ¿qué podrías decirnos de la relación entre Neruda y Cuba?

—He viajado a La Habana en infinidad de ocasiones, he conversado con los viejos amigos de Neruda, por ejemplo Ángel Augier, y con intelectuales vinculados a Casa de las Américas, he intentado reconstruir la fraternidad entre Neruda y Cuba; y, sobre todo, estoy tratando de desmitificar que la relación quedó tan estropeada que Neruda se volvió un poeta anticubano. No es así.

"Recordemos que Neruda publicó Canción de gesta —el primer libro que reivindica la Revolución cubana— en el mismo año 1960: Juan Marinello llevó los manuscritos desde Europa; ese libro lo acompañó siempre, a pesar de la polémica carta abierta de 1966 [de los escritores e intelectuales cubanos]. El último libro que publicaría Neruda en vida sería Canción de gesta, el 11 de septiembre de 1973 saldría de la imprenta la edición de Quimantú.

"De igual forma, en el año 1973, Neruda le encargó a Giuseppe Bellini —un buen amigo mío— la traducción al italiano de Canción de gesta, ¿te imaginas que durante el año más convulsivo para Chile, Neruda seguía posicionando el libro? El poeta chileno nunca renegó de la Revolución cubana."

—Debió ser complicado para un poeta del mundo, como Neruda, militar en el Partido Comunista, ¿cuál fue el conflicto que se produce con Cuba?

—Canción de gesta se publicó en una edición cubana en 1960, seis años después Neruda recibió la invitación del PEN Club en Nueva York. Para el gobierno cubano no era el mejor momento de asistir al PEN Club —dirigido por el dramaturgo Arthur Miller—; la otra crítica que hicieron los cubanos a Neruda fue al recibir una condecoración en Perú cuando el gobierno perseguía a la incipiente guerrilla.

"Lo que pasó en realidad es que se dirimieron las disputas entre el Partido Comunista de Cuba y el PC de Chile por encima de Neruda, que quedó en medio del fuego cruzado; él fue el pretexto, Neruda lo sabía y tomó la decisión de alejarse ligeramente, incluso de sus amistades más antiguas, pero no es tajante la ruptura con sus amigos cubanos, he conversado con el diplomático chileno acreditado en Francia en 1973, Samuel Fernández Illanes, que asegura que Neruda seguía conversando con Alejo Carpentier en las recepciones de la Embajada de Chile en París".

—¿Y de la relación de Neruda con Ernesto Che Guevara qué nos podrías decir?
—El Che Guevara recibió a Neruda en el Ministerio de Industrias de Cuba. Neruda estaba sumamente orgulloso de que encontraron el Canto general (1950) entre las pertenencias del guerrillero en Bolivia; ahora sabemos que Ernesto Che Guevara transcribía en una libreta algunos poemas de Neruda, Vallejo, Guillén y León Felipe, durante las horas del campamento boliviano; para Neruda era una condecoración de hermano a hermano revolucionario.
"El poeta siempre admiró al guerrillero, al punto que financió una escultura dedicada a Ernesto Guevara en la comuna santiaguina de San Miguel, durante el gobierno de la Unidad Popular"

—Neruda nunca dejó de militar en el Partido Comunista, fue senador y candidato presidencial, acompañó a Salvador Allende en las cuatro elecciones presidenciales; Neruda convocó a los intelectuales de Chile y del mundo para evitar la guerra civil y el golpe de Estado, pero en Chile no se reivindica al poeta militante. ¿Crees que en Chile no se puede hablar o escribir sobre derechos humanos sin miedo?, ¿existe el temor de denunciar el presunto asesinato de Neruda?

— Todavía hay miedo, afortunadamente se ha ido venciendo el terror, ahora hay garantías para denunciar, en el caso de Manuel Araya lo intentó varias veces, pero no le hicieron caso. Ahora, en pleno 2012, hay una testigo clave —una empleada de limpieza de la Clínica Santa María que se rehusaba a dar su nombre o ir a declarar al juicio—: ella asegura que son personas externas a la Clínica Santa María quienes ingresaron para inyectar a Neruda el 23 de septiembre de 1973.
"Si el doctor Sergio Draper asume la responsabilidad de ordenar la inyección de un medicamento —en este caso Dipirona—, la empleada de limpieza dice que no fue el doctor Draper, que ella notó la incursión de seis personas externas a la Clínica; peor aún, ella declaró que hicieron "renunciar" a varios empleados de la Clínica el 24 de septiembre, entre secretarias, enfermeras y personal de mantenimiento…
"Regresando a tu pregunta: a finales de 2012, la testigo todavía se resistía a declarar en el juicio, porque en el expediente judicial queda asentado tu nombre, RUT, domicilio y teléfono; afortunadamente Eduardo Contreras —el

abogado querellante— logró convencer a la testigo y pronto será pública su denuncia".

—¿Crees en la teoría de la conspiración?, ¿sí o no?
—Sí.

—Hugo Chávez, Cristina Fernández, Luis Ignacio Lula, Dilma Rousseff y Fidel Castro; la izquierda latinoamericana actual se enferma coincidentemente de cáncer, casi al mismo tiempo, ¿qué opinas?
—En el caso de Neruda creo que le dieron un empujoncito para que se muriera. Dice Jorge Edwards que no era necesario, tengo mis reservas ante la declaración de Edwards. Neruda era un peligro para la dictadura, sobre todo si viajaba a México.
"Lo que preguntas, tal vez puede suceder, no lo sé, 40 años después, no descartaría que la CIA puede inducir el cáncer a los líderes del ALBA, no lo sé; pero en el Caso Neruda estoy totalmente convencido de la conspiración para asesinarlo, o por lo menos que una serie de negligencias médicas aceleró la muerte del poeta".

—También hablas del secuestro del legado de Neruda cometido por Juan Agustín Figueroa, denuncias a personas e instituciones que han usufructuado y plagiado la obra de Neruda. ¿Quién es Juan Agustín Figueroa?

—En 1973, Juan Agustín Figueroa era partidario del golpe de Estado, como buen militante del Partido Radical; desde la década de 1950 era el mejor amigo del pinochetista Ricardo Claro. Ambos personajes son igualmente turbios; Juan Agustín Figueroa por un azar de la vida se hizo dueño vitalicio del legado de Neruda.

—¿Fue Matilde Urrutia la que designó a Figueroa albacea de la Fundación Neruda?

—La historia oficial asegura que Aída Figueroa presenta a Matilde con Juan Agustín, su hermano; Aída Figueroa había escondido a Neruda en 1948, durante la persecución de González Videla. Pero Neruda nunca fue amigo de Juan Agustín Figueroa.

—¿Por qué crees que Matilde se hizo asesorar por gente como Juan Agustín Figueroa?

—Matilde Urrutia siempre fue anticomunista.

—¿Es cierto lo que dicen en el Partido Comunista?, ¿nunca aceptaron la relación de Neruda con Matilde?

—Todo mundo tenía que aguantar a Matilde para no perder la amistad de Neruda, al final Matilde terminó siendo fiel con su ideología anticomunista. En 1976 comenzó a organizar la Fundación Neruda, 1976 es un año clave en la vida de Matilde porque le diagnosticaron cáncer al colón, ¿te imaginas los fantasmas que la acecharon?, a finales de 1975 se enfermó, en el año 1976 todo le da vueltas con el diagnóstico de cáncer.

"Por primera vez se manifiesta contra la dictadura, meses antes habló de sus sospechas sobre el asesinato de Neruda; la enfermera Rosita Núñez declaró a La Nación: "Un verano de 1975, la señora Matilde me vino a visitar. Me dijo que sospechaba que a su marido lo habían matado en la clínica, posiblemente con alguna inyección" (18/09/2005).

"Matilde guardó silencio ante el presunto asesinato de Neruda, intentó sobornar a Manuel Araya para que no denunciara las irregularidades de la Clínica Santa María".

—¿Por qué ocultó el crimen?
—Para que no le expropiaran las casas de Neruda, para poder entrar y salir sin problemas del país, para cuidar los derechos de autor y evitar que se perdiera el legado; pero todo está perdido, a la larga el copyright de Neruda quedó en manos del peor de los pinochetistas.

—¿Está perdido del todo?

—Está perdido en tanto los convocados por Neruda no reclamen su herencia, hago referencia a las tres universidades chilenas, la CUT y la Sociedad de Escritores.

—¿Por qué no se hace una exigencia a nivel de Estado, con el respaldo de las tres universidades, la CUT y la SECH?

—El caso de la Fundación Neruda es una metáfora de la transición chilena. Cuando Bachelet viajó a México para conocer a Felipe Calderón en la comitiva presidencial estaba Ricardo Claro, porque el pinochetista era socio de Emilio Azcárraga en el Consejo de Administración de Televisa, MEGA TV no sólo compra las teleseries mexicanas y el Chavo del 8; Ricardo Claro durante 7 años integró el Consejo de Administración de Televisa.

"Cuando Bachelet viajó a Italia, en la fotografía oficial del Vaticano sobresalieron: la presidenta Bachelet, Benedicto XVI y Ricardo Claro, porque en Italia era socio de Berlusconi.

"Bachelet y la Concertación cogobernó con lo peor la derecha pinochetista, quedaron en tan buenos términos que nunca se confrontaron los unos contra los otros.

"Por otra parte, las universidades chilenas no tenían acceso a los Estatutos de Cantalao, no se sabían herederos de los derechos de autor de Neruda; se lo pregunté a la directora del Archivo Central Andrés Bello y en la Universidad de Chile no tenían fotocopias de los Estatutos de Cantalao".

—¿Crees posible la recuperación del legado de Neruda?

—Sí, pero los herederos deben asumir su responsabilidad, los rectores de las tres universidades, la CUT y la SECH deberían reclamar la herencia que les dejó Neruda. Las condiciones políticas están dadas: hay una nueva dirigencia en la CUT y en la SECH, la poeta Carmen Berenguer se atrevió a declarar en La Moneda: "En nombre de Neruda se criminaliza al pueblo mapuche", lo dijo frente a Juan Agustín Figueroa, durante la ceremonia del Premio Iberoamericano Neruda 2008.

"También hay una nueva mentalidad en los rectores de las universidades públicas chilenas, y el sobrino directo de Neruda, el abogado Rodolfo Reyes presentó una querella para recuperar el pseudónimo del poeta y así evitar el lucro que hace la cadena de Hoteles Neruda, con el beneplácito de Juan Agustín Figueroa.

"Finalmente se conocieron los Estatutos de Cantalao de forma íntegra, ahí está el andamio legal de la voluntad testamentaria de Neruda: los rectores de las universidades y los presidentes de la CUT y la SECH deben administrar los derechos de autor de su poesía, el primer paso es integrar al Consejo de Administración de Cantalao, después se debe cumplir con las becas para jóvenes artistas, poetas y científicos. En la actualidad, la Fundación Neruda trabaja ilegalmente, están usufructuando una herencia a la que no tienen derecho, son vulgares ladrones disfrazados de empresarios culturales".

—Juan Agustín Figueroa es un latifundista de Temuco y llevó a la cárcel a dos lonkos mapuches. Neruda planteó la idea de fundar la Universidad Mapuche, sin embargo la persona encargada de cumplir la última voluntad de Neruda es un latifundista que aplicó la Ley Antiterrorista contra los lonkos mapuches…

—Mi desencanto con la Fundación Neruda parte del tema mapuche, en julio de 2004 no entendía bien a bien cómo funcionaba y quiénes integraban la Fundación, hasta que conocí a Pedro Cayuqueo —periodista mapuche— que me explicó los orígenes de la Ley Antiterrorista y del latifundista que la invocó en el caso de Pascual Pichún y Aniceto Norín.

"Juan Agustín Figueroa es el primer abogado, a nivel mundial, que aplicó, en 2003, una Ley Antiterrorista contra comunidades indígenas. Hay antecedentes de la Ley Antiterrorista contra las FARC, pero es un grupo beligerante integrado en su mayoría por mestizos; está la Ley Antiterrorista contra ETA, pero son vascos separatistas; ni siquiera al Ejército Zapatista de Liberación Nacional (EZLN) le aplicaron la Ley Antiterrorista en México.

"El abogado José Aylwin me dijo: "Sólo existe otro país donde recientemente se aplicó —en 2007— la Ley Antiterrorista, fue en contra de los maoríes en Nueva Zelanda —uno de los cuatro Estados que votó en contra de la Declaración de la ONU sobre Derechos de Pueblos Indígenas frente a hechos de protesta social" (Clarín 18/05/2008).

"En el supuesto de que los mapuches dañaron una cabaña abandonada de Juan Agustín Figueroa, el "delito" sería: "daño en propiedad privada", si se manifiestan con una barricada en tu calle, el "delito" sería: "obstrucción a las vías federales [nacionales] de comunicación", pero Juan Agustín Figueroa interpretó dos hechos del fuero común como: atentados terroristas y dejó el precedente para que el resto de latifundistas y empresas trasnacionales criminalicen a la comunidad mapuche con la Ley Antiterrorista, a eso llaman el "conflicto mapuche", en realidad, la Ley Antiterrorista debería llamarse Ley Fundación Neruda, y a su vez la Fundación Neruda debería llamarse Fundación Matilde Urrutia, las cosas por su nombre".

—¿Por qué tiene tanto poder Juan Agustín Figueroa?
—El poder político lo ha forjado a partir de una imagen como "mecenas" de la cultura chilena; ser presidente vitalicio de la Fundación Neruda es su única "cualidad moral", todo su prestigio se lo ganó al ser el heredero universal de Matilde Urrutia.
"El periodista Ernesto Carmona definió al presidente de la Fundación Neruda "como una suerte de puente político entre el ultra derechista Ricardo Claro y la Concertación" (AN 29/02/2004). Víctor, estudia los referentes morales de Cucho Figueroa, cuando le preguntaron sobre mi investigación del copyright de Neruda invertido en la empresa de Ricardo Claro, el presidente vitalicio dijo: "Nunca hemos hecho inversiones en actividades que podrían ser éticamente reprochables, como en bombas de racimo o seguros de vida de personas que están cercanas a la muerte, que son bien rentables" (La

Nación 09/07/2007), la segunda opción de Cucho Figueroa era invertir la plata de Neruda en bombas de racimo que terminarían en Siria, en Irán, o no sé dónde.

"La Fundación Neruda protagoniza una película de terror".

—¿Algo más que quieras agregar?

—Cuando tus radioescuchas y lectores visiten las casas de Neruda tal vez podrían preguntar a los guías o en la página de Internet de la Fundación: ¿por qué los derechos de autor del poeta se invierten en la empresa de Ricardo Claro, el más cercano asesor de Pinochet?, ¿por qué no explican que el amigo de Neruda y copropietario de La Sebastiana, el doctor Francisco Velasco, fue torturado en la embarcación El Lebú de Ricardo Claro?, ¿por qué ocultan que Homero Arce, el secretario de Neruda, murió a consecuencia de la tortura y que Matilde Urrutia no dijo ni una palabra para denunciar este crimen de lesa humanidad?, ¿por qué no proyectan las imágenes del segundo funeral de Neruda, en Isla Negra, cuando el gobierno reprimió con la caballería y gas lacrimógeno a los asistentes del funeral que le gritaron golpista a Patricio Aylwin?

"No te dicen nada de esto en los recorridos por las casas de Neruda, hacen un "márketing" cursi y descafeinado, prostituyen y traicionan la memoria del poeta".

—Gracias por la entrevista.
—Gracias a ti por la invitación.

* Periodista.

Economía • Opinión • Política
La privatización de la gobernanza global
Oscar Ugarteche

El poder financiero considera que el multilateralismo público es disfuncional y debe ser reemplazado. El retroceso de la Organización Mundial del Comercio y del Consejo de Seguridad de las Naciones Unidas a manos de los convenios bilaterales lo demuestra.

Desde comienzos del siglo XXI las Naciones Unidas y sus organismos se han visto debilitados. La Organización Mundial del Comercio (OMC) creada en 1992 se volvió tan irrelevante como la Liga de las Naciones. Por eso, Estados Unidos sustituyó un régimen multilateral por otro internacional bilateral y cambió los instrumentos de la OMC con Tratados de Libre Comercio y

Tratados Bilaterales de Inversión, guiando a otros países a hacer lo mismo. De este modo, por ejemplo, la OMC se ha vuelto decorativa en la estructura de la gobernanza mundial.

De la misma manera el Consejo de Seguridad de las Naciones Unidas ha sido reemplazado lentamente mediante acuerdos bilaterales de defensa con Estados Unidos, con el mismo espíritu que lo anterior. Esto se complementa con la privatización de la seguridad y la creación de ejércitos privados contratados como consultores del gobierno. Claramente el modus operandi de esta nueva aproximación al régimen internacional es la bilateralización y privatización del sistema.

Lo primero que se debe de señalar es que el sistema financiero internacional ha dejado de comportarse como tal a partir de los años '80, cuando paradójicamente comenzó su proceso de desregulación. Para comprender la desregulación en los Estados Unidos que ha precedido la del resto del mundo, es preciso observar que todos los secretarios del Tesoro de ese país desde 1979 están relacionados con la banca de inversión, menos dos, en el primer gobierno de George W. Bush.

Si se agrega a esto que la Reserva Federal, el banco central de ese país, está controlado por la banca privada desde su creación, y que ellos seleccionan y eligen a dos tercios de los directorios, entonces se puede apreciar la acumulación de poder que existe desde 1979. Además, a partir de 1980 hay un incremento sustantivo del gasto de lobby en el Capitolio de Estados Unidos que sólo en la última década se ha duplicado, pasando de 600 mil dólares diarios a 1,3 millón de dólares por día.

La suma de todas las formas de influencia sobre la política pública del país del Norte permite sugerir que la acción combinada del sector financiero sobre el Gobierno termina en su representación en el gobierno. Esto se vendría a llamar el complejo financiero, para utilizar la frase feliz de Eisenhower en referencia al complejo militar industrial. Dado que es dueño de una parte del sistema de la Reserva Federal, y que nombra y designa al secretario del Tesoro, tiene el poder de privatizar los esfuerzos regulatorios realizados por el gobierno. Por esta razón, argumentamos, las recomendaciones regulatorias multilaterales de la Comisión de alto nivel de Naciones Unidas presidida por Joseph Stiglitz en 2009 fueron dejadas de lado a cambio de medidas bilaterales lideradas por la ley Dodd

Frank del 2010. Esta ley ha estado sujeta a presiones de los intereses del complejo bancario y financiero a través de su lobby.

Según el economista Posen, del Instituto Peterson de Economía Internacional, el sector financiero ha ganado acceso a los funcionarios electos del gobierno convirtiéndose en sus fuentes confiables de información y consejo en materia de política monetaria. Esto se logra a través de anuncios públicos, interacción personal, empleo de funcionarios de la banca central y proveyendo parte de los candidatos a directores y gobernadores del banco central.

Se podría argumentar que la relación entre el sector financiero y los tomadores de decisiones de la banca central se puede extrapolar a otros sectores y no sólo sobre el tema de inflación, sino sobre la naturaleza de la crisis y los problemas involucrados en encontrar una solución correcta a la crisis de largo plazo.

Las reuniones del G-20 son ejemplos de espacios de influencia. En 2008 se trazaron dos principios para guiar la reforma del mercado financiero: una fue fortalecer regulaciones sólidas y el otro fue reforzar la cooperación internacional para que las leyes sean más consistentes a través de todos los mercados. Cuatro años más tarde, en el

2012, el Business 20 (B-20), el grupo de empresarios que se reúnen para discutir la agenda del G-20 con antelación, hicieron un llamado contra la re-regulación del sistema financiero. El G-20 pasó de ser un grupo de Estados intentando regular el sistema financiero a ser un grupo de Estados que está en contra de las regulaciones lanzadas por la banca central. Este es el efecto del poder del B-20 sobre el G-20. El B-20 tiene poco interés en las regulaciones y tiene creciente interés en convertirse en la secretaría del G-20.

El peso de la industria financiera es suficiente como para influir sobre la agenda mundial de los gobiernos del G-20. Existe la creciente convicción de que el multilateralismo público es disfuncional y debe ser reemplazado. Si la sociedad civil y sus aliados quieren tener éxito en lograr que las estructuras multilaterales de gobernanza rindan cuenta por los bienes públicos, deben comprender las formas en que el G-20 está fomentando el crecimiento del poder empresarial y la proliferación de acuerdos comerciales y de inversión que codifican los derechos empresariales.

* Instituto de Investigaciones Económicas UNAM, SNI-Conacyt.

Política • Sociedad
22-12-2012
Luis Hernández Navarro
Derrumbe y renacimiento en el mundo maya zapatista

No puede reaparecer lo que nunca se ha ido. Lo que este 21 de diciembre hicieron los rebeldes mayas zapatistas al ocupar pacíficamente y en silencio cinco ciudades chiapanecas no fue reaparecer, sino reafirmar su vigencia. El EZLN ha estado aquí desde hace más de 28 años. Nunca se ha ido.

Durante diez años creció bajo la hierba; hace más de 18 se dio a conocer públicamente. Desde entonces ha hablado y guardado silencio intermitentemente, pero nunca ha dejado de hacer. Una y otra vez se ha decretado su desaparición o su irrelevancia, pero siempre ha resurgido con fuerza y con mensaje.

Este inicio del nuevo ciclo maya no fue la excepción. Más de 40 mil bases de apoyo zapatistas marcharon bajo la lluvia en cinco ciudades de Chiapas: 20 mil en San Cristóbal, 8 mil en Palenque, 8 mil en Las Margaritas, 6 mil en Ocosingo, y por lo menos 5 mil más en Altamirano. Se trata de la movilización más numerosa desde el surgimiento de los rebeldes del sureste mexicano.

La magnitud de la protesta es señal de que su fuerza interna, lejos de disminuir con el paso de los años, ha crecido. Es un indicador de que la estrategia de contrainsurgencia en su contra, llevada a cabo por los distintos gobiernos, ha fracasado. Es muestra de que su proyecto es expresión genuina del mundo maya, pero también de muchísimos campesinos pobres mestizos en Chiapas.

El EZLN no abandonó nunca la escena nacional. Guiado por su propio calendario político, fiel a su congruencia ética y con la fuerza del Estado en su contra, fortaleció sus formas de gobierno autonómicas, mantuvo viva su autoridad política entre los pueblos indígenas del país y activas las redes de solidaridad internacional. El hecho de que no haya aparecido públicamente no significa que no esté presente en muchas luchas significativas en el país.

En las cinco juntas de buen gobierno que existen en Chiapas y en los municipios autónomos las autoridades de las bases de apoyo se gobiernan a sí mismas, ejercen justicia y resuelven conflictos agrarios. En sus territorios, los rebeldes han hecho funcionar sus sistemas de salud y educación al margen de los gobiernos estatales y federal, organizado la producción y comercialización y mantenido en pie su estructura militar. Resolvieron con éxito el desafío del relevo generacional de sus mandos. Por si fuera poco, sortearon con eficacia las amenazas del narcotráfico, la inseguridad pública y la migración. El libro Luchas "muy otras". Zapatismo y autonomía en las comunidades indígenas de Chiapas es una extraordinaria ventana para asomarse a algunas de estas experiencias.

Los zapatistas marcharon este 21 de diciembre en orden, dignamente, con disciplina y cohesión, y en silencio; un silencio que se escuchó fuerte. De la misma manera en la que han tenido que cubrirse el rostro para ser vistos, ahora interrumpieron la palabra para ser escuchados. Se trata de un silencio que expresa una fecunda capacidad generativa de otros horizontes de transformación social, una gran potencia. Un silencio que comunica voluntad de resistencia frente al poder: "Quien permanece en silencio es ingobernable", decía Ivan Illich.

Un ciclo de la lucha política se cerró en México este primero de diciembre, al tiempo que otro se abrió. El EZLN tiene mucho que decir en el naciente mapa de las luchas sociales que comienza a dibujarse en el país. Su movilización puede impactar en ellas de manera relevante.

Entre los contornos que definen la nueva etapa de luchas sociales se encuentran: el regreso a Los Pinos del viejo dinosaurio priísta, tripulado por el salinismo y sus modos autoritarios de ejercicio del mando estatal; la pretensión de conducir la conflictividad social a partir de un pacto entre las élites que excluye a los sectores subalternos; la crisis, descomposición y reorganización de la izquierda partidaria, y la emergencia de nuevos movimientos sociales.

El EZLN es un nuevo jugador que, sin invitación, se sienta en la mesa de la partida que recién se abre en la política nacional.

El Pacto por México, suscrito por el Partido Revolucionario Institucional (PRI), el Partido Acción Nacional (PAN) y, a título individual, por el presidente del Partido de la Revolución Democrática (PRD) pretende acordar un programa de reformas al margen de amplios sectores sociales. La movilización del EZLN hace evidente que una muy amplia parte de la sociedad mexicana no está incluida en ese acuerdo, y que lo que acuerden sus suscriptores no necesariamente cuenta con el aval de los ciudadanos.

El partido del sol azteca está trabado en una lucha interna que puede provocar su ruptura. La pretensión de Nueva Izquierda de uncir su destino al gobierno de Peña Nieto hipoteca cualquier posibilidad de distancia crítica del poder.

El Movimiento de Regeneración Nacional (Morena) se ha volcado a las tareas organizativas para obtener su registro. Es probable que la Organización Popular y de los Trabajadores (OPT) siga el mismo camino. Existe pues un amplio territorio político y social que la izquierda partidaria no está ocupando. Los zapatistas gozan de una indudable autoridad política entre quienes pueblan esas latitudes.

En el último año y medio han emergido movimientos sociales que cuestionan al poder al margen de los partidos políticos. No se sienten representados por ninguno de ellos. El Movimiento por la Paz con Justicia y Dignidad, #YoSoy132, las luchas comunitarias contra la inseguridad pública y la devastación eco- lógica, las protestas estudiantiles en defensa de la educación pública, entre otras, caminan por sendas distintas a las de la política institucional. Las simpatías hacia el zapatismo en esas fuerzas son reales.

Pero, más allá de la coyuntura, las marchas del 13 Baktún maya son un novedoso "¡Ya basta!" similar al que enunciaron en enero de 1994, y de una versión renovada de "¡Nunca más un México sin nosotros!" formulado en octubre de 1996, que abre otros horizontes. No piden nada, no demandan nada. Muestran la potencia del silencio. Anuncian que un mundo se derrumba y otro renace.

19-12-2012
Cultura • Política
Umberto Mazzei

Los magos de la mentira

Desde el siglo XX, controlar la información sin usar constricción formal, para limitar el alcance de la mente y del espíritu, obsesiona a los ambiciosos del lucro desmedido, como lo llamó Adam Smith. Es en Estados Unidos donde se elaboró el modelo. Allí se redujo al mínimo en la educación media –la de la masa- la enseñanza de temas humanísticos, como la historia, la geografía o la filosofía, que son la referencia del pensamiento crítico.

La idea es impartir sólo el conocimiento necesario para que el trabajador sea útil, pero ignorante en lo político. Eso permite forjar en la mente de las mayorías una visión del mundo alejada de la verdad, pero que la orienta según convenga a la ambición de los dirigentes. El truco sirve también a gobiernos que sin alharaca electoral tienen una clase dirigente visible, pero es en las democracias donde es más útil, porque allí los que de verdad mandan se ven poco, pero usan la propaganda engañosa para promover sus títeres en los carnavales electorales.

Hasta el siglo XX, los medios de información eran de propiedad difusa, cobertura regional, y diferente percepción de la realidad. Durante el siglo XX, la propiedad de los medios de información se concentró, la cobertura se amplio al nivel nacional e internacional, las versiones de la noticia se fueron haciendo más coincidente y se instalaron los medios audio visuales, que estimulan la pereza intelectual.

El siglo XXI comienza con la propiedad de los medios está muy concentrada y la difusión de noticias muy orquestada. Hay un cartel internacional cuyas miras políticas van más allá de las definidas por el Consenso de Washington o la OTAN. Su técnica básica es mentir por omisión. Se amputan partes esenciales de la verdad o de la realidad histórica y política, mientras se inventa o exagera lo que se quiere revelar. El fin es demonizar personas o países, creencias o ideologías, que molesten la ambición vagabunda.

La novedad típica del siglo, es el uso de Internet para difundir noticias fuera del cartel mediático. Esa información la aprovecha la creciente clase que usa la informática. Es un grupo aún minoritario pero influyente, porque es el estrato más instruido de la clase trabajadora. En sitios virtuales de Internet se encuentran versiones más completas de la realidad, pero el cartel mediático y agentes de los gobiernos títeres también manipulan información allí, sobre todo en las llamadas redes sociales.

Debates sobre normas para el medio informativo

La concentración de la propiedad y el anonimato de los accionistas, dificulta la identificación específica de los intereses económicos, políticos o confesionales que orientan la manipulación de la información, pero el modo como los grandes grupos informativos coinciden en calificar los intentos de democratizar la información como atentados contra la libertad de expresión, indica temor a la transparencia.

Datos europeos recientes muestran que la concentración aumenta, porque la crisis afecta más a los medios de información pequeños e independientes. Según El País (14/12/2012) desde el 2008, en España desaparecieron 132 revistas y 22 diarios y se sumaron 6300 periodistas al paro. La inversión en prensa, radio y televisión cayó un 45%, pero en cambio la inversión en Internet subió un 171%.

En estos momentos, en el mundo hay varios casos públicos relacionados con la concentración de la distribución de la información, los métodos de hacer noticias y la veracidad de su contenido. Los que más acaparan la atención suceden en Argentina, Gran Bretaña y Estados Unidos. En Argentina la iniciativa se origina en el poder ejecutivo y el poder legislativo, con tropiezos ante el poder judicial. En Gran Bretaña es más bien a la inversa. En Estados Unidos el juicio contra el soldado Bradley Manning arroja luz sobre el riesgo de violar el monopolio de la información.

En Argentina el gobierno introdujo una ley para democratizar el suministro de información que fue aprobada por una amplia mayoría del congreso. La nueva ley permite que una persona o empresa posean hasta 24 sistemas de televisión por cable, 10 licencias de radiodifusión -sean de radio FM, AM o televisión abierta- y una señal de contenidos. La ley fue apelada como inconstitucional por el Grupo Clarín, que con 250 licencias predomina entre los medios argentinos, tanto que, sin ser oficialmente un partido, ejerce el rol de oposición política al gobierno.

Clarín alegó que era una ley que violaba la constitución ante un tribunal de lo Civil y Mercantil. La Corte Suprema, otorgó entonces a Clarín un beneficio cautelar que vencía el 7 de diciembre, pero la Cámara de lo Civil y Comercial se lo renovó hasta que se dicte sentencia, con lo que atrasó la aplicación de la ley sólo para Clarín. Los otros propietarios de medios ya se adecuaron a la ley. El gobierno apeló ante la Corte Suprema que ordenó al tribunal de la causa que acelerase los trámites. El tribunal obedeció y falló el 15 de diciembre que la ley no es contraria a la constitución.

En Gran Bretaña hubo escándalos por la conducta de los medios durante todo el siglo XX. A pesar de eso, se aplica como virtud el principio de la "autorregulación", desde 1953. Los resultados son indicio de que eso no funciona y la Comisión que preside el Juez Leveson recomendó la elaboración de una ley que regule su conducta. La lista de los delitos cometidos por la prensa amarillista incluye la interferencia de los mensajes electrónicos, el envilecimiento de acusados inocentes, la persecución de celebridades.

Pero hay cosas de más profundidad. La investigación descubrió complicidades entre la prensa y la clase política, entre el Grupo Murdoch y los dos partidos principales, entre la policía y los diarios. El Juez Leveson ya se pronunció sobre los vínculos entre barones de los medios y los políticos británicos, con un clásico "understatement" británico: "Durante los últimos 35 años hubo en esa relación una insalubre proximidad".

Por esa proximidad es que el primer ministro David Cameron rechazó la elaboración de una ley porque "pondría en peligro la libertad de prensa" y conversa, justo con los barones de los medios y los jefes de partidos políticos, buscando un acuerdo que evite normar la propiedad y a la conducta de los medios. Cameron sirve bien al grupo Murdoch, que tiene la mitad de la prensa y de la cadena televisiva Sky. El modelo británico de Clarín.

Ed Miliband, el líder laborista, apoyó las recomendaciones del Juez Leveson y propuso volver a la ley sobre propiedad de los medios anterior a la desregulación de la Thatcher. Ojala sea coherente con lo que dice.

En Estados Unidos, el caso Manning muestra dos hechos: el control casi total de la noticia y el trato cruel a quien dé información sobre crímenes cometidos por agentes del gobierno. Los medios allí, como los políticos, siguen órdenes. Si quiere saber lo dicho por Manning o su defensa en las audiencias del pre-juicio, debe buscar medios extranjeros; como sobre la crisis económica norteamericana, los asesinatos tele-comandados u otros crímenes oficiales.

Verdades y mentiras en Internet

Internet crece como fuente de información, porque se puede escribir con libertad. Un indicio es que en Estados Unidos, el país donde la información está más concentrada, es donde la información por Internet crece más y donde se leen analistas muy lúcidos. Hay varios sitios gratuitos importantes con noticias y análisis de esos que esquiva la gran prensa, como la Information Clearing House o Counterpunch, para citar un par conocido.

Todo diario o revista de alguna importancia tiene ahora una edición digital en Internet. Los programas televisivos siguen también esa tendencia. En español hay distribuidores de opiniones alternativas muy eficaces, con variedad de temas, proyección internacional, a veces plurilingües, como ALAI, Argenpress o Rebelión, para citar sólo algunos.

Las redes sociales, como Facebook o Twitter, no son solo para conversar con amigos, se usan también para expresar opiniones, pero allí comienzan las complicaciones. En ellas es posible asumir identidades falsas que se usan para difundir falsos rumores y mentiras. Hay perfiles falsos que aparecen por centenares simultáneamente -creados por robots- que difunden unos "me gusta" o comentarios en apoyo de una causa o persona política. Hubo casos durante la campaña electoral de Estados Unidos, con sitios a favor de algo y luego se comprobó que su apoyo venía de sitios improbables como Bangkok o Vilnius. Ese mismo truco se usó en las revoluciones de color contra gobiernos en Europa del Este, también en crear apoyo falso a revueltas en Irán o en la llamada "Primavera Árabe" para justificar las guerras contra Libia y Siria.

En América Latina destaca la actividad de Daniel Gabriel, experto de la CIA, subversivo de redes sociales en Afganistán e Irak, que fue contratado por BBG[1] para dirigir un grupo de periodistas en Cuba, que entregase cinco historias a la semana. La líder del grupo es Yoani Sanchez, que ya trabajaba para Applied Memetics, la empresa de Gabriel. Yoani Sanchez es cubana y emigró a Suiza en 2002.

Regresó a Cuba y en 2007 abrió el blog "Generación Y" que en breve tiempo tuvo gran reconocimiento internacional. Sólo en 2008, tuvo el Premio de Periodismo Ortega y Gasset; TIME la puso entre las 100 personas más influyentes del mundo; CNN puso su blog entre los 25 mejores; Foreign Policy la puso entre los 10 intelectuales del año y la revista mejicana Gatopardo hizo igual. Siguieron más galardones y en 2012, la SIP[2] la nombró Vicepresidente de su Comisión de Libertad de Prensa, para vigilar la libertad de prensa en Cuba. Ahora es la corresponsal de El País en Cuba, un diario que en España recortó su plantilla a la mitad.

La Señora Sánchez es llamativa también por otras razones. La calidad de sus ideas la muestra cuando dijo que a Gabriel García Márquez nunca debió dársele el Premio Nobel de Literatura, por ser amigo de Fidel Castro. En Le Monde Diplomatique se interrogan sobre como puede tener desde La Habana un blog en 18 idiomas. Se preguntan también como en su cuenta Twitter revindica 214 mil seguidores –pero sólo 32 en Cuba- y dice comunicarse con más de 80 mil "por sms, sin acceso a la Web". Eso es inscribir 200 cuentas por día, una actividad posible sólo con robots y fuera de Cuba, por la dificultad de conexión que hay allí. En efecto, muchos perfiles en la cuenta @yoanisanchez no tienen foto ni actividad en la red.

He señalado el caso de Yoani Sanchez por ser de una manipulación evidente, pero hay otros muchos en el mundo y Latinoamérica. Por eso hay que leer con cautela las noticias que circulan en blogs y redes sociales. La informática global da la posibilidad de exponer verdades, pero también allí hay nuevos trucos inventados por los magos de la mentira.

*Doctor en Ciencias Políticas de la Universidad de Florencia. Es Director del Instituto de Relaciones Económicas Internacionales en Ginebra.

15-12-2012
Política
Amy Goodman

El calvario del soldado Bradley Manning

El soldado Bradley Manning pudo, por fin, hablar públicamente en su defensa, en una audiencia preliminar al consejo de guerra al que será sometido el próximo año. Manning es la presunta fuente de la mayor filtración de inteligencia en la historia de Estados Unidos. El soldado, que se desempeñaba como analista de inteligencia en el Ejército de Estados Unidos y tenía acceso a información ultra secreta, fue enviado a Irak.

En abril de 2010, WikiLeaks, el sitio web que publica documentos confidenciales filtrados, hizo público un video en el que se ve cómo un helicóptero Apache de las Fuerzas Armadas estadounidenses dispara a una docena de civiles, entre ellos dos empleados de Reuters, un camarógrafo y su chofer, en Bagdad.

Un mes después de la publicación del video, Manning fue arrestado en Irak y acusado de haber filtrado el video y otros cientos de miles de documentos. Así comenzó su calvario de encarcelamiento en confinamiento solitario, en condiciones crueles y degradantes que muchos sostienen que equivalen a la tortura, desde su detención en Kuwait hasta los meses de detención en la base militar Quantico, en Virginia, Estados Unidos. A raíz de la condena mundial contra sus condiciones de detención, las fuerzas armadas estadounidenses trasladaron a Manning a un centro de detención en Fort Leavenworth, Kansas, donde las condiciones no son tan severas.

Mientras Manning afronta 22 acusaciones en un consejo de guerra que podría condenarlo a prisión por el resto de su vida, su abogado argumentó en la audiencia preliminar que el caso debería ser desestimado sobre la base del castigo ilícito aplicado al soldado previo al juicio.

El abogado constitucionalista de larga trayectoria, Michael Ratner, se encontraba en la sala de audiencias en Fort Meade, Maryland, el día en que Manning realizó su declaración. Ratner describió la escena: "Fue una de las escenas más dramáticas que jamás haya visto en una sala de audiencias. (…) Cuando Bradley comenzó a hablar no estaba nervioso. Su testimonio fue extremadamente conmovedor, realmente emotivo para todos nosotros, pero especialmente, como es evidente, para Bradley mismo por todo lo que tuvo que soportar. Fue terrible lo que le sucedió en dos años, pero lo describió con lujo de detalles de un modo elocuente, inteligente y consciente".

Ratner dijo que Manning describió cómo estuvo detenido en una jaula en Kuwait: "Había dos jaulas. Dijo que eran como jaulas para animales. Estaban bajo una tienda, solo estas dos jaulas, una junto a la otra. Una de ellas contenía algunas de las posesiones de Manning, y en la otra, en la que estaba él, había una pequeña cama, una estantería y un inodoro. Permaneció en esta jaula oscura durante casi dos meses. Lo sacaron por un corto período de tiempo y luego, sin dar explicaciones, lo volvieron a colocar en la jaula. (…) Bradley dijo sobre ese período: 'Creo que perdí la noción del tiempo. No sabía si era de día o de noche. Mi mundo se volvió muy, muy pequeño. Se convirtió en esas dos jaulas'". Ratner agregó: "Eso casi lo destruyó".

Luego de su detención en Kuwait, Manning fue trasladado a una base militar en Quantico. Su abogado defensor, David Coombs, dijo este mes: "El modo en que trataron a Brad en Quantico quedará grabado por siempre en la historia de nuestro país como un momento lamentable. No solamente fue estúpido y contraproducente, sino que fue criminal".

El abogado Michael Ratner también describió el momento en que Bradley Manning explicó lo sucedido en Quantico: "Bradley contó cómo era estar en esa celda, en la que debía dormir en una pequeña cama, con una luz frontal apuntando hacia él, que dejaban encendida para poder observarlo. Si se movía para evitar la luz iban a despertarlo. Eso sucedía en la noche. Durante el día pasaba de 23 a 23 horas y media en la celda, quizá tenía 20 minutos de lo que denominan 'ejercicio al sol', que no es nada. ¿Y qué podía hacer? Porque supuestamente está en servicio, debe o bien estar de pie o sentado en esa cama de metal con los pies en el suelo y no puede apoyarse en nada. Eso durante 10 o 15 horas al día, lo que debe denominarse privación de los sentidos".

El relator especial de las Naciones Unidas sobre la tortura, Juan Méndez, intentó visitar a Manning, pero luego se negó debido a que las fuerzas armadas le dijeron que podrían vigilar y grabar la visita. Méndez informó: "La detención en confinamiento solitario es una medida severa que puede provocar grave daño psicológico y fisiológico a los individuos, independientemente de su situación específica".

Los oficiales del ejército describieron el trato cruel aplicado a Manning como necesario, debido a que, según afirmaron, había riesgo de que intentara suicidarse. Sin embargo, el Capitán de la Armada William Hocter, un psiquiatra forense de Quantico, dijo que no existía tal riesgo, pero no lo escucharon. "Soy médico jefe desde hace 24 años y nunca vi algo igual", declaró Hocter. "Estaba claro que estaban decididos a tomar un determinado curso de acción y poco importaron mis recomendaciones".

La primera etapa del consejo de guerra, que Coombs denomina "la etapa de las mociones de castigo ilícito previo al juicio", consideró una moción de la defensa de desestimar el caso. Si bien es improbable que esto suceda, quienes siguen el caso sostienen que la defensa solicitó, como alternativa, que el consejo de guerra considerara reducir la pena de Manning que resulte del juicio a razón de 10 días por cada día que tuvo que soportar el trato cruel y degradante en Kuwait y Quantico, lo que en teoría podría significar una reducción de seis años de su condena a prisión.

Bradley Manning está acusado de filtrar una serie de documentos a WikiLeaks, que incluyen el video de la masacre de Bagdad, dos grandes series de documentos relacionados con los registros militares estadounidenses de las guerras de Irak y Afganistán y, quizá lo más importante, la gran filtración de más de 250.000 cables del Departamento de Estado de Estados Unidos, conocida como "Cablegate" (en referencia a Watergate). Tras una evaluación realizada en agosto de 2010, el entonces Secretario de Defensa, Robert Gates, sostuvo que la publicación de los documentos "no reveló fuentes ni métodos de inteligencia importantes". Manning se ofreció a declararse culpable de la filtración de los documentos, pero no de las acusaciones más graves de espionaje ni de haber ayudado al enemigo.

Bradley Manning cumplirá 25 años el 17 de diciembre en la prisión, fecha que también marca el segundo aniversario de la muerte del joven tunecino que se inmoló en protesta contra el gobierno corrupto de su país, lo que dio paso a la Primavera Árabe. Hace un año, cuando la revista Time nombró al "manifestante", en términos genéricos, como Personaje del Año, el legendario informante de los Documentos del Pentágono, Daniel Ellsberg, elogió esa decisión en una declaración que también se aplica a la realidad actual: "La tapa de la revista Time nombra al manifestante, a un manifestante anónimo, 'Personaje del Año', pero es posible ponerle un rostro y un nombre a esa foto del 'Personaje del Año'. El rostro estadounidense que pondría en esa tapa sería el del soldado Bradley Manning".

5-12-2012
Opinión
Bernardo Kliksberg
Los enigmas de América latina

América latina aparece a primera vista como una tierra de enigmas. The Economist se asombra ante algunos de ellos. Se pregunta "¿Por qué Panamá, el país de la región de más veloz crecimiento, está tan furioso?" (24/11/12). La pregunta es legítima.

El crecimiento anual del Producto Bruto fue en los últimos seis años de un 9 por ciento anual. Sin embargo, en noviembre hubo una semana de rebeliones de la sociedad en Colón, con tres muertos. El gobierno aprobó una ley para vender la tierra hoy pública en donde tiene asiento la zona libre. Tuvo que volver atrás. En febrero, los indígenas protestaron en Chirique por proyectos que los dañaban. Dos muertos. Antes, los trabajadores de la banana se habían manifestado contra una propuesta para restringir el derecho a huelga. Un muerto.

El derecho a educación existe en la ley, pero es de ejercicio dudoso. Hay escasez de escuelas secundarias y la calidad es un problema mayor.

También hay enigmas latentes con relación al Perú. El crecimiento de los años recientes, muy vinculado con la minería, ha sido acelerado.

Pero es posible encontrar simultáneamente en la tapa del diario más difundido, El Comercio del 23/10/12, las siguientes noticias. El titular: "El riesgo país del Perú es el más bajo de América latina". Y al lado: "El Perú es uno de los países que más mejoraron su ambiente para los negocios desde 2005, según el ranking del Banco Mundial".

Pero en la misma tapa, abajo, refiere que "De 144 economías estudiadas, el Perú ocupa el puesto 138 en calidad de la educación primaria" (Foro de Davos). La inversión del país en educación es proporcionalmente de las menores de la región.

También otra noticia de tapa da cuenta de que el consumo de la quinua, considerado el vegetal perfecto por la FAO, de gran valor nutricional, bajó un 90 por ciento en la región Puno, que es su mayor productora con 77,8 por ciento de las hectáreas cultivadas. Se señala: "En los últimos 15 años, el consumo anual de quinua en Puno pasó de 5 kilos a medio kilo por persona, debido a que el precio subió de 30 céntimos a los actuales 8 soles por el boom exportador del cereal".

República Dominicana crece fuerte, pero tiene una de las tasas de mortalidad materna más elevadas de la región, y es difícil acceder a educación de calidad. La Constitución establece que el país debería gastar en educación no menos del 4 por ciento del Producto Bruto, una meta lejana del 6 por ciento de la Unesco, pero aun así no se cumple. La presión fiscal es la tercera más baja de la región. La recaudación sólo representa el 12 por ciento del Producto Bruto.

Colombia es otra economía con avances importantes en su crecimiento, pero The Economist destaca que la distribución de la tierra está entre las más desiguales del mundo. El 52 por ciento de las explotaciones está en manos del 1,15 por ciento de los propietarios. Sólo el 22 por ciento de la tierra potencialmente arable se está cultivando.

Chile es señalado como el modelo del crecimiento. Sin embargo, la desigualdad es muy alta. Uno de sus pilares es la "herencia maldita" de Pinochet en educación. Las inequidades son muy agudas en calidad, e ir a la universidad requiere altos ingresos. Los estudiantes de secundaria y de la universidad demandaron masivamente educación gratuita para todos, mejora de la calidad, prohibir la educación con lucro. Concitaron el apoyo de vastos grupos de la población. Lograron instalar el tema en el centro de la agenda pública.

En todos estos casos hay razones concretas por las que el crecimiento no llega a amplios sectores. La principal es la desigualdad. Los coeficientes Gini de distribución del ingreso, y de la tierra, acceso a educación y a salud pública, entre otros, son de los más elevados en términos internacionales.

Hasta el FMI termina de descubrir que la desigualdad es nefasta para el crecimiento. El The New York Times (17/10/12) informa que Jonathan Ostry del Fondo resalta en un estudio reciente con referencia a Estados Unidos que "el crecimiento es más frágil en países con altos niveles de desigualdad", y que el aumento de la desigualdad en el país desde 1980 pudo haber reducido la expansión económica en una tercera parte.

El FMI afirma ahora que reducir la desigualdad y aumentar el crecimiento "son dos caras de la misma moneda".

No es lo que aplicó en los '90 en países como la Argentina, donde sus condiciones ejecutadas por el menemismo, su alumno ejemplar, hicieron saltar el coeficiente Gini de 0,42 en 1992, a 0,53 en 1999. Un verdadero record que llevó la distancia entre el 10 por ciento más rico y el 10 por ciento más pobre de 18 veces en 1993 a 26 veces en el año 2000. Efectivamente son dos caras de la misma moneda, ello contribuyó mucho a la implosión económica y social de 2001.

Los enigmas de la región tienen solución. Es posible reducir muy fuertemente la desigualdad, y ésa es la palanca de un crecimiento sostenido.

El Banco Mundial termina de informar, en noticia desconcertante para economistas ortodoxos recalcitrantes, que las clases medias crecieron en América latina de 2003 a 2009, y que el líder fue Argentina, que duplicó su clase media llevándola de 9,3 a 18,6 millones de personas, seguido de Brasil y Uruguay.

El aumento en la Argentina fue de un 25 por ciento de su población, en Brasil de un 22 y en Uruguay de un 20 por ciento.

La Argentina era en 2002 un país de pobres. El 58 por ciento de la población estaba bajo la línea de pobreza y casi la mitad de ellos en pobreza extrema. Pasó, en 2009, a ser un país con cerca de la mitad de sus habitantes en la clase media.

¿Y qué tienen en común las tres economías, junto con otras del Unasur que se orientan en la misma dirección?

La igualdad es un objetivo central de sus políticas públicas. Pero la lucha por ella no se ha quedado sólo en expresiones de buenos deseos. Se ha materializado en políticas económicas potenciadoras de la producción nacional, el mercado interno, las pymes, la generación de empleo, la integración regional y de grandes inversiones sociales concretas.

La Argentina invierte en educación el 6,5 por ciento de su producto bruto, la mayor tasa de la región. Ello ha hecho posible que el 90 por ciento de los jóvenes en edad de secundaria estén hoy en la escuela. Asimismo invirtió el 1,2 por ciento de su Producto Bruto en Asignación Universal, incluyendo a los 3,8 millones de niños pobres.

El Brasil de Lula y Dilma invirtió en los grandes programas sociales, Bolsa Familia y Brasil sin Miseria, cerca del 1 por ciento de su Producto Bruto.

Uruguay multiplicó sus políticas de inclusión en la gestión del Frente Amplio, bajando la pobreza del 39 al 13 por ciento.

Hay muchísimo más por hacer, y grandes desafíos pendientes; pero ahí están las cifras, indicando que se está transitando en la dirección históricamente correcta.

Hoy los ciudadanos europeos, en plena movilidad social descendente bajo el impacto del fanatismo de la austeritis, miran cada vez más atentamente hacia un Sur en cambio profundo.

* Gran Maestro de la Universidad Nacional de Buenos Aires.

Tiempo Argentino
Chomsky: El desarrollo comunitario y la creación de empresas gestionadas por sus trabajadores son avances revolucionarios

Noam Chomsky sabe incomodar. Nació en Estados Unidos y es un persistente crítico de su gobierno y su sociedad. Fue criado en el seno de una familia judía exiliada de Ucrania pero eso no le impide cuestionar ciertas políticas del Estado de Israel. Precisamente por su espíritu insurrecto y sus agudos comentarios es considerado uno de los intelectuales más influyentes en el mundo contemporáneo.

Su apellido resonó por primera vez con fuerza hace 55 años cuando en su curriculum sólo se destacaban sus estudios en Lingüística. Su libro Estructuras sintácticas marcó un hito en la materia y sus contribuciones incluso inspiraron aplicaciones en la Informática y la Medicina. Desde entonces, su fama se fue incrementando a la par que su curiosidad lo llevó a incursionar en otras disciplinas. Hoy, con 83 años, más conocido como filósofo y cientista político, Chomsky sigue rebelándose hasta a la jubilación y prodiga una incansable hospitalidad a los periodistas que hacen cola para conocer sus opiniones.

En una pequeña mesa redonda donde se apilan libros, fotocopias y cuadernos, Chomsky recibe a Tiempo Argentino con una amigable sonrisa y un té en la mano. Entre los papeles de su oficina ubicada en el octavo piso del Massachusetts Institute of Technology, más conocido en la jerga académica por sus siglas MIT, sobresale un anillado con el título "What then must we do?" (¿Qué debemos hacer entonces?), escrito por Gar Alperovitz. Su presencia cobrará sentido a lo largo de la conversación cuando recomiende su lectura para entender uno de los hechos "revolucionarios" más importantes que están pasando en EE UU: el movimiento de empresas recuperadas. A propósito de ello, Chomsky recordará que "algo de esa iniciativa, de hecho, vino de la Argentina post colapso".

Las primeras palabras de la conversación pasan inevitablemente por Gaza, ciudad de donde volvió justo antes de que Israel lanzara la última ofensiva. Allí recorrió los hospitales que todavía hoy aparecen en todos los noticieros y comprobó los problemas que tienen los médicos para conseguir medicamentos. Chomsky aún recuerda que uno de los que conoció en su viaje es el que se popularizó en las portadas de los diarios alrededor del mundo, sosteniendo entre brazos a un niño muerto. A 9000 kilómetros de allí, el filósofo ahora sigue atento las discusiones en la arena diplomática.

Aunque la situación en Medio Oriente tenga hoy el primer lugar en la agenda informativa, Chomsky también ha estudiado con profundidad la historia de América Latina y ha escrito recurrentemente sobre la región en los últimos tiempos. Es que desde principios del siglo XXI sus países se han levantado "por primera vez en 500 años ante la dominación occidental y de EE UU", explica. "También han estado moviéndose despacio pero significativamente hacia la unificación y muy lentamente se han ocupado de algunos asuntos internos muy extremos", agrega antes de analizar lo que puede esperarse de las relaciones entre Latinoamérica y EE UU en el segundo gobierno de Barack Obama.

"Todos estos desarrollos muy positivos para América Latina a EE UU no le gustaron. Además, prácticamente lo empujaron de las bases militares que le quedaban en la región. Luego, en las reuniones hemisféricas quedó bastante aislado, como sucedió en Cartagena hace unos meses, cuando EE UU y Canadá quedaron contra el resto del hemisferio en los asuntos más importantes. Y, de hecho, si hay otra reunión continental no me sorprendería que EE UU y Canadá queden excluidos. Ante esto, lo que EE UU ha estado intentando hacer con Obama es reconstruir la posición de influencia y control. En Honduras, por ejemplo, Obama ha logrado llevar adelante un golpe de Estado. En Paraguay, no conocemos los detalles, pero supongo que Estados Unidos está detrás de la destitución de Lugo también. En Chile, EE UU está trabajando por debajo del radar, desarrollando relaciones militares para poder restablecer bases y esencialmente, si no restablecer el viejo sistema, al menos volverse más fuerte. Aunque no creo que funcione."

–¿Hasta qué punto el desarrollo de los países de América Latina tiene que ver con que Estados Unidos ha estado concentrado en otros temas?
–Cuanta menor atención preste EE UU al continente, mejor para este último. Pero no se debe dar por sentado que eso haya ocurrido. De hecho, creo que ha estado prestando bastante atención. Cuando algo pasa en América Latina, EE UU está allí. En los '80 estuvo muy activo en Centroamérica. En los primeros años de las dictaduras sudamericanas, EE UU apoyaba a

todas. En Argentina, por ejemplo. En los '90, América Latina estaba bastante bajo control con la estructura de los programas de ajustes, por lo que EE UU no tuvo que hacer mucho. Pero en la última década, EE UU ha sido empujado afuera y ha tratado con mucho ahínco de reconstruir su posición. Creo, en definitiva, que trata de aplicar más o menos la misma política que antes, pero tiene menos capacidad para implementarla.

–Varios de los gobiernos de América Latina que han sentado una posición más dura en su relación con Estados Unidos también se han enfrentado a las corporaciones mediáticas y han promovido nuevas medidas para regular el poder de los medios. ¿Cómo analiza eso?
–La situación de los medios en América Latina es prácticamente un escándalo. Están enormemente centralizados, en control privado, son muy reaccionarios y muy dañinos para los países. Dan una imagen muy distorsionada del mundo. Sin embargo, no creo que la respuesta correcta sea que los gobiernos los constriñan, sino que ayuden al surgimiento de alternativas comunitarias. En cierto punto eso ha comenzado a hacerse en Venezuela. Por otro lado, cuando ocurrió allí lo del canal RCTV, que no fue cerrado pero sí empujado al cable, escribí que acordaba con las protestas occidentales y

también con el hecho de que algo así no podía suceder en EE UU. Pero agregué algo que lo hizo impublicable aquí. No puede pasar en este país por una buena razón: si algo así pasara acá, si la CBS, por ejemplo, apoyara un golpe de Estado contra el gobierno y después de unos días ese golpe hubiera sido revertido, no habría ningún juicio a los directivos y la cadena no seguiría transmitiendo. Simplemente, los dueños y directivos de esa estación serían asesinados por una escuadra especial sin juicio previo.

–¿Cree que el enfrentamiento abierto entre los gobiernos y los medios concentrados ayuda a concientizar a la gente acerca de los intereses detrás de los medios?
–En la mayor cantidad de países, los gobiernos apoyan a los medios concentrados. Y en las ocasiones en que eso no es así, creo que la mejor forma de responder no es poniendo presión, sino desarrollando alternativas, que es algo que el gobierno puede hacer. Algo así se está queriendo desarrollar acá en una pequeña medida. Por ejemplo, cuando el sistema de cable apareció en EE UU a inicios de los '70, el Congreso aprobó una ley que impedía a las compañías de cable tener monopolios en algunas áreas particulares. Por ejemplo en la zona donde estamos, Cambridge. Cualquier red de cable que quisiera

operar aquí debía incluir una señal comunitaria. Es una gran falla de la izquierda de EE UU que no aprovechen esta oportunidad. Acá hay una estación de la comunidad y si vas ahí te sorprendería ver que el equipo es bastante bueno. No es CBS, pero es mejor que otros en poder de movimientos políticos. Y muchas veces están dirigidos por lunáticos porque la izquierda no los usa. Llegan a mucha gente y podría ser usado como una base de medios alternativa.

–¿Qué es lo que les falta a los grupos de izquierda para sacar partido de esa posibilidad?
–Eso es lo que he estado discutiendo durante 40 años. Tienen muchas críticas sobre los medios que están justificadas, pero hay muy poco trabajo en tratar de crear alternativas. Y puede ser hecho, como pasó con Democracy Now, que funciona. Pero si los grupos de izquierda usaran esas posibilidades que están a mano, podrían hacer más cosas. Hay mucho para hacer.

–Y no sería importante sólo el contenido, sino también la forma en que se lleva a cabo…
–Estuve una vez en Brasil, antes de que Lula fuera elegido presidente, y una tarde él me llevó a los suburbios de Río, donde vi algo muy interesante de los medios populares que no sé si todavía funciona. Lo que pasaba era que un

grupo de profesionales de los medios de Río iba a una plaza en el medio de una ciudad a las nueve de la noche, prime-time, y ponían un camión con una pantalla. Allí pasaban programas que eran sólo para la gente que estaba sentada en la plaza o en los bares de alrededor. Los contenidos habían sido escritos por gente de la zona, actuados por ellos y eran interesantes. No podía entender todo lo que decían, pero sí me daba cuenta de que algunos eran comedia, otros eran más serios y hablaban sobre la crisis de la deuda o sobre el HIV, por ejemplo. Después de los programas, una de las actrices iba con el micrófono y una cámara a pedirle un comentario a la gente que los había visto. Esas opiniones eran pasadas en la pantalla gigante y otra gente se sumaba. Generaba interacción comunitaria y esa gente no miraba la televisión prime-time, sino que prefería mirar eso. Todo estaba hecho por la comunidad salvo el equipo, que venía de la ciudad. Cosas como esas pueden ser hechas.

–Procesos políticos como la Primavera Árabe, el movimiento Occupy o el de indignados han conmovido sociedades con sus planteos. ¿Cree que estos grupos tienen potencial revolucionario?
–Creo que son importantes, pero hay muchas otras cosas también revolucionarias que están sucediendo. Por ejemplo, los desarrollos

comunitarios y el trabajo en empresas. Algo de esa iniciativa, de hecho, vino de la Argentina post colapso. Gar Alperovitz trabaja sobre ello y cuenta de lugares como en Cleveland, donde hay una red de empresas cuyos propietarios son sus propios trabajadores. Cooperativas que empiezan a establecer vínculos a nivel internacional con otras empresas en España. Hoy eso está en varios lugares del país y es revolucionario. No sé si se alcanzará una escala como para cambiar la sociedad, pero es una de las cosas más importantes que están pasando.

–Una joven española que participó del movimiento de indignados en España decía que admiraba la experiencia de Occupy Wall Street porque en su país reclamaban por derechos que habían perdido y en EE UU por derechos que nunca tuvieron…

–Es que aquí se pelea por los derechos de otras personas. Ninguno de los que está en el movimiento Occupy y pasa el tiempo en el parque Zuccotti es pobre. Todos tienen, al menos, un plato de comida en la mesa y no vienen de los barrios más desventajados. Esa gente no tiene tiempo para estas cosas. Sin embargo, creo que están logrando llamar la atención de los medios en muchos aspectos. Los hechos que Occupy trajo se pusieron en el centro de la agenda nacional. Antes, se hablaba muy poco de la desigualdad, del fraude bancario, de la compra de las elecciones.

Estas cosas ahora están siendo discutidas. De hecho, el slogan de "somos el 99% vs el 1%" se puede leer en la prensa de negocios y todos hablan de ello. Además, están haciendo cosas. Por ejemplo, con el huracán Sandy de hace un par de semanas, los primeros en salir a ayudar fueron los chicos de Occupy. También están ayudando a la gente que está siendo desalojada de sus hogares por los bancos: los apoyan para resistir el desalojo o van a la Corte a protestar. Por eso, puede transformarse en algo muy constructivo. De hecho, creo que lo más importante que hicieron, que la mayoría de la prensa no lo reconoce y nadie habla de ello, es que rompieron la atomización de la sociedad. Esta es una sociedad en la que la gente esta sola. Es casi sociopático. La gente no se junta para hablar, quedan atrapados en la televisión, en el consumo de bienes. Pero Occupy reunió a la gente, los puso a hacer algo cooperativamente. Abrió un espacio de discusión, interacción. La gente está aprendiendo a hacer cosas juntos y eso es muy importante y, en especial, en una sociedad como esta. Si dura, puede ser importante para inspirar a más grupos.

–¿Piensa que de este movimiento puede derivarse un cambio más profundo en la sociedad?

–Es uno de los tantos lugares. Hay muchas cosas que pasan en el país. Esto fue una especie de chispa y se puede ver. Se pudo ver en el hecho de que el día después de Zuccoti había movimientos Occupy en todo el país y, de hecho, en otras partes del mundo. Y ha pasado sólo un año, no se puede decir más, pero ha sido muy exitoso. Y si se pueden asociar a otros movimientos, como el de empresas recuperadas, puede ser muy interesante.

Una mirada a las redes sociales

La oficina de Noam Chomsky está repleta de libros. Entre dos escritorios en forma de letra L que ocupan dos de los laterales de la habitación, apenas hay un espacio libre para algunos portarretratos familiares. No sorprende que Chomsky admita no mirar mucha televisión y que se informa a partir de "toneladas de lectura". "Leo la prensa nacional, la prensa de negocios, la internacional. Un sinfín de periódicos con un amplio espectro de perspectivas, incluso conservadoras", describe. El cronista confiesa entonces que antes de la cita revisó sus datos biográficos en Wikipedia.

"Yo uso Wikipedia para algunas cosas. Si querés saber sobre matemática o historia medieval, está bien. Pero si es algún tema contemporáneo y controversial, entonces hay que ser muy cauteloso."

–¿Y las redes sociales?
–No tengo una opinión porque estoy fuera de moda. La gente me dice que tengo una cuenta de Facebook, pero no la abrí yo.

–Le atribuyen un rol importante en la Primavera Árabe.
–Acá también tienen un rol importante. Cualquier grupo activista anuncia lo que hace en las redes sociales para sumar gente a sus actividades. Eso está bien, no tengo ninguna objeción contra ello. Pero lo más que hago es leer blogs ocasionalmente. Creo que es una gran cosa que cualquiera pueda decir lo que quiera en Internet, pero significa que el 99% son cosas sin importancia.

–Se suele criticar que afecta al periodismo acelerando los procesos y contribuyendo a la pérdida de análisis y chequeo de datos…
–Por eso leo los diarios y no las redes sociales. Pero algo interesante sucedió en la Primavera

Árabe. En un punto (el presidente de Egipto Hosni) Mubarak cerró Internet. La interacción creció porque en vez de twitear la gente hablaba entre sí y la organización iba más rápido. Es decir, acelera las cosas pero tampoco tanto.

14.05.10 - Mundo
Sepa lo que es el capitalismo

Atilio Borón
Doctor en Ciência Política por la Universidad de Harvard y profesor titular de Teoria Política en la UBA (Universidad de Buenos Aires). Director del PLED, Programa Latinoamericano de Educación a Distancia en Ciencias Sociales
Adital
El capitalismo tiene legiones de apologistas. Muchos lo hacen de buena fe, producto de su ignorancia y por el hecho de que, como decía Marx, el sistema es opaco y su naturaleza explotadora y predatoria no es evidente ante los ojos de mujeres y hombres. Otros lo defienden porque son sus grandes beneficiarios y amasan enormes fortunas gracias a sus injusticias e inequidades. Hay además otros ("gurúes" financieros, "opinólogos", "periodistas especializados", académicos "bienpensantes" y los diversos exponentes del "pensamiento

único") que conocen perfectamente bien los costos sociales que en términos de degradación humana y medioambiental impone el sistema. Pero están muy bien pagados para engañar a la gente y prosiguen incansablemente con su labor. Ellos saben muy bien, aprendieron muy bien, que la "batalla de ideas" a la cual nos ha convocado Fidel es absolutamente estratégica para la preservación del sistema, y no cejan en su empeño.

Para contrarrestar la proliferación de versiones idílicas acerca del capitalismo y de su capacidad para promover el bienestar general examinemos algunos datos obtenidos de documentos oficiales del sistema de Naciones Unidas. Esto es sumamente didáctico cuando se escucha, máxime en el contexto de la crisis actual, que la solución a los problemas del capitalismo se logra con más capitalismo; o que el G-20, el FMI, la Organización Mundial del Comercio y el Banco Mundial, arrepentidos de sus errores pasados, van a poder resolver los problemas que agobian a la humanidad. Todas estas instituciones son incorregibles e irreformables, y cualquier esperanza de cambio no es nada más que una ilusión. Siguen proponiendo lo mismo, sólo que con un discurso diferente y una estrategia de "relaciones públicas" diseñada para ocultar sus verdaderas intenciones. Quien tenga dudas mire lo que están proponiendo para "solucionar" la crisis en Grecia: ¡las mismas recetas que aplicaron y siguen aplicando en América Latina y África desde los años ochenta!

A continuación, algunos datos (con sus respectivas fuentes) recientemente sistematizados por CROP, el Programa Internacional de Estudios Comparativos sobre la Pobreza radicado en la Universidad de Bergen, Noruega. CROP está haciendo un gran esfuerzo para, desde una perspectiva crítica, combatir el discurso oficial sobre la pobreza elaborado desde hace más de treinta años por el Banco Mundial y reproducido incansablemente por los grandes medios de comunicación, autoridades gubernamentales, académicos y "expertos" varios.

Población mundial: 6.800 millones, de los cuales

* 1.020 millones son desnutridos crónicos (FAO, 2009)

* 2.000 millones no tienen acceso a medicamentos (www.fic.nih.gov)

* 884 millones no tienen acceso a agua potable (OMS/UNICEF 2008)

* 924 millones "sin techo" o en viviendas precarias (UN Hábitat 2003)

* 1.600 millones no tienen electricidad (UN Habitat, "Urban Energy")

* 2.500 millones sin sistemas de drenajes o cloacas (OMS/UNICEF 2008)

* 774 millones de adultos son analfabetos (www.uis.unesco.org)

* 18 millones de muertes por año debido a la pobreza, la mayoría de niños menores de 5 años. (OMS)

* 218 millones de niños, entre 5 y 17 años, trabajan a menudo en condiciones de esclavitud y en tareas peligrosas o humillantes como soldados, prostitutas, sirvientes, en la agricultura, la construcción o en la industria textil (OIT: La eliminación del trabajo infantil: un objetivo a nuestro alcance, 2006)

* Entre 1988 y 2002, el 25% más pobre de la población mundial redujo su participación en el

ingreso mundial desde el 1,16% al 0,92%, mientras que el opulento 10% más rico acrecentó sus fortunas pasando de disponer del 64,7 al 71,1% de la riqueza mundial. El enriquecimiento de unos pocos tiene como su reverso el empobrecimiento de muchos.

* Sólo ese 6,4 % de aumento de la riqueza de los más ricos sería suficiente para duplicar los ingresos del 70% de la población mundial, salvando innumerables vidas y reduciendo las penurias y sufrimientos de los más pobres. Entiéndase bien: tal cosa se lograría si tan sólo se pudiera redistribuir el enriquecimiento adicional producido entre 1988 y 2002 del 10% más rico de la población mundial, dejando intactas sus exorbitantes fortunas. Pero ni siquiera algo tan elemental como esto es aceptable para las clases dominantes del capitalismo mundial.

Conclusión: si no se combate la pobreza (¡ni se hable de erradicarla bajo el capitalismo!) es porque el sistema obedece a una lógica implacable centrada en la obtención del lucro, lo que concentra la riqueza y aumenta incesantemente la pobreza y la desigualdad económico-social.

Después de cinco siglos de existencia esto es lo que el capitalismo tiene para ofrecer. ¿Qué esperamos para cambiar al sistema? Si la humanidad tiene futuro, será claramente socialista. Con el capitalismo, en cambio, no habrá futuro para nadie. Ni para los ricos ni para los pobres. La sentencia de Friedrich Engels, y también de Rosa Luxemburgo: "socialismo o barbarie", es hoy más actual y vigente que nunca. Ninguna sociedad sobrevive cuando su impulso vital reside en la búsqueda incesante del lucro, y su motor es la ganancia. Más temprano que tarde provoca la desintegración de la vida social, la destrucción del medio ambiente, la decadencia política y una crisis moral. Todavía estamos a tiempo, pero ya no queda demasiado.

[Fuente: Rebelión].

ÍNDICE